调解技能与实践

刘建明 主编

浙江工商大学出版社
ZHEJIANG GONGSHANG UNIVERSITY PRESS

图书在版编目(CIP)数据

调解技能与实践 / 刘建明主编. —杭州: 浙江工商大学出版社, 2014.10(2023.8 重印)

ISBN 978-7-5178-0611-0

Ⅰ. ①调… Ⅱ. ①刘… Ⅲ. ①调解(诉讼法)—中国 Ⅳ. ①D925

中国版本图书馆 CIP 数据核字(2014)第 180102 号

调解技能与实践

TIAOJIE JINENG YU SHIJIAN

刘建明 主编

责任编辑 徐 凌
封面设计 王好驰
责任印制 包建辉
出版发行 浙江工商大学出版社
(杭州市教工路 198 号 邮政编码 310012)
(E-mail:zjgsupress@163.com)
(网址:http://www.zjgsupress.com)
电话:0571-88904980,88831806(传真)
排 版 杭州朝曦图文设计有限公司
印 刷 广东虎彩云印刷有限公司绍兴分公司
开 本 787mm×1092mm 1/16
印 张 10.25
字 数 207 千
版 印 次 2014 年 10 月第 1 版 2023 年 8 月第 4 次印刷
书 号 ISBN 978-7-5178-0611-0
定 价 29.00 元

法学专业实训课程系列教材

总主编　楼伯坤

总序

Prefore

法学乃应用之学科。中国的法学教育应该是学科教育还是职业教育，素有争论。我认为这种争论并没有太大意义。学科教育不是单纯的思辨教育，缺乏技术传授的教育其实也谈不上是教育；职业教育也不是单纯的技术教育，没有知识体系的技术教育只能算是经验传授。而高等教育的使命是让学生不仅要懂得一些知识，还要会将这些知识予以应用，并对社会产生积极影响。因此，作为一个完整的法律人才培养体制，法学教育既要注重通识教育，又要注重职业教育。处理好二者的关系，是法学教育健康发展的重要前提。长期以来，我国的法学教育既不重视通识教育，也不重视职业教育，而只偏重于专业知识的传授。教师采用演讲方式讲授系统的理论知识和成文法的具体规定，虽也穿插案例分析、模拟法庭等内容，但其目的是配合理论知识的讲解。貌似进行专业培养，实际上学生的知识面不够宽、法治理念不够牢固、法律素养不够高、实践应用能力不够强，导致学生毕业后适应法律职业所需要的时间比较长，与时代对法律专业人才的要求不相适应。这已成为中国法学教育的通病。

就职业教育而言，法学教育的目的就是要培养具有良好交往能力、自由思考能力、批判性思维能力，以及健全的人格和人文关怀精神，融知识、能力与素质于一体的法律专门人才。因此，改变单一的知识传授和学术培养格局，更加注重学生知识面的拓展和法律实践应用能力的培养，是法学教育面临的迫切任务。这就需要根据法律职业的基本要求来调整人才培养计划、完善培养模式、改革培养方案、增加实践教学的环节和内容，突出对学生"实践、运用和操作"能力和技能的训练，以提高学生观察问题、分析问题和解决问题的能力。只有这样，才能使学生在毕业后迅速适应在法院、检察院、律师事务所和其他法律实务部门法律职业工作的需要。

要提高法科学生的实践应用能力，实践教学是重要途径，也是法学知识与法律实践相结合的主要环节。教育部早在 1998 年就下发了《普通高等学校本科专业目录和专业介绍》及相关文件，明确规定法学专业的实践性教学环节包括：见习、法律咨询、社会调查、专题辩论、模拟法庭、疑案辩论、实习等。2007 年教育部《关于进一步深化本科教学改革，全面提高教学质量的若干意见》进一步强调，"各高等学校要高度重视实践环节，提高学生实践能力，特别要加强专业实习和毕业实习等重要环节"，推动学生实践活动的开展。然而，由于受传统教学理念和教学模式的影响，法学教育与社会实践的结合还停留在形式上，效果并不明显。为从根本上解决法科学生的职业适应能力和创新能力问题，2011 年底，教育部、中央政法委联合启动了“卓越法律人才教育培养计划”，旨在建立法学院校与政法机关的联合培养机制，强化学生法律职业伦理教育和法律实务技能培养，提高学生解决实际法律问题的能力，促进法学教育与法律职业的深度衔接，为新形势下的法学教育工作指明了方向。

教材是实现教育功能的重要工具和媒介，是课程及教学内容的主要载体，也是实践教学课程改革的基础和先导。法学教材建设是法学教育永恒的任务，也是提高教学质量的重要环节。2005 年教育部《关于进一步加强高等学校本科教学工作的若干意见》要求“加强教材建设，确保高质量教材进课堂……对发展迅速和应用性强的课程，要不断更新教材内容，积极开发新教材，并使高质量的新版教材成为教材选用的主体”，而且特别强调教材应当“具有中国特色、中国风格和中国气派”。教材的编写与选用是法学教学改革和发展的基础。但是，法学教材的编写套路一般比较固定，都是按照概念、特征、内容、原则、体系、理论争议等这样的思路下来，这就不能满足实践教学的需求。即使近些年新出版的教材既阐述原理，也分析案例，但总体上还存在原理与案例彼此分离、结合有限、对接困难的问题。因此，破解法学教育的难题，推进法学教学的实践化，教材起着相当重要的作用。

实训教材是指导专业应用技能培养的教科书，是长期实践教学经验的总结。浙江工商大学法学院是由原杭州商学院法律系和原浙江省政法管理干部学院合并组建而成的，其法学专业历史始于 1979 年，是浙江省内较早设立并招收、培养法学专业本科生的高等学府。多年以来，浙江工商大学法学院依托学校“大商科”的办学优势，积极探索实践教学的途径和方法。在实验教学方面，学院将法学专业课程中需要通过实验来讲授的内容，变成了学生自己动手参与教学的模式。借助两校合并带来的资源优势，学校于 2003 年 3 月投资 30 万元，并通过 2005 年省财政 100 万元的专项资助，建成了省内高校一流的“刑侦实验室”，主要承担刑事侦查学的教学任务。在刑侦实验室的基础上，又将与之关联的法医学课程纳入实验教学范围，“刑侦实验室”也扩展为“刑侦法医实验室”，面积达到了 250 平方米，主要承担刑事侦查学、法医学、证据法学等课程的课内实验教学任务。同时，以诉讼法为主体，开始引入诊所教学模式。法律诊所于 2005 年 10 月开业，由 20 多名经过严格选拔的优秀学生担任诊所律师，配备 10 名专业教师进行专门辅导，并且得到了律师事务所执业律师的技术指导，开展社会服务工作。为使诊所教育取得实效，学院从 2006 年开始，与美国太平洋大学麦克乔治法学院和美利坚大学华盛顿法学院合作进行了为期五年的“体验式法学教学”项目，在师资培养和教学方法习得方面取得了重大突破。2007 年以全新模拟法庭为标志的学生综合专业能力训练平台的建成，使得法学理论知识与实践应用相结合的活动，成为了法科学生演练组织能力、反应能力和表达能力的重要场所。2009 年学院成为“教育部法律执业技能人才培养实验区”试点，又在整合实验室教学、诊所教学、模拟法庭和社会实践方面做了新的探索，提升了法律诊所教育、模拟法庭课程的位阶，融案例教学于全部实践性课程中，并以学生社团为基础组建法学社会实践小分队，形成了以实验、实训、实习和社会实践为主要环节的实践教学体系。这当中，实训课程的建设成为了一项新的任务。因此，从2009年开始，学院以法学核心课程中应用性强的课程为重点，为本科学生开设了“民事法实训”“商事法实训”“刑事法实训”“行政法实训”“经济法实训”“民事诉讼法实训”“刑事诉讼法实训”和“行政诉讼法实训”等8门实训课，并着手编写讲义。经过3年多的教学实践，发现了一些课程在教学内容和训练方法上有一定的重叠，加之实体与程序分离，主讲教师往往将其引入了“理论＋案例”的教学模式中，课程内容缺乏可操作性，学生的技术能力提高不快。经过调研和论证，学院于2012年初决定将原先8门实训课中的民事、商事和民事诉讼法合并为“民商事法律实训”，将刑事法与刑事诉讼法合并为“刑事法律实训”，将行政法与行政诉讼法合并为“行政法律实训”，并将法律谈判、调解等非诉讼程序和法律职业道德养成等纳入实践教学课程体系。2012年底教育部和中央政法委公布了“全国首批卓越法律人才教育培养基地”，浙江工商大学法学院成为浙江省属高校中唯一的“应用型、复合型卓越法律人才教育培养基地”，强化实践教学、深化教学效果、提升教学质量，又被推到了培养卓越法律人才的高度。在总结实践教学经验和广泛吸取国内外实践教学最新成果的基础上，浙江工商大学法学院决定编写这套面向21世纪高等学校法学专业的“法学专业实训课程系列教材”，以践行培养高层次应用型人才为目标的办学理念，为卓越法律人才教育培养做出积极的努力。整套教材内容广泛，涵盖了培养法律职业人才的专业技能和素质涵养的总体要求。在教材建设上，第一批出版的实训教材包括《刑事法律实训教程》《民商事法律实训教程》《行政法律实训教程》《调解技能与实践》《法律谈判的技能与实践》《法律执业道德养成》，根据法律职业类型和学生就业方向需要编写的侦查业务、检察业务、审判业务和律师诉讼与非诉讼业务等方面的实训教材也将陆续出版。

为确保教材编写质量，本套教材选聘了具有丰富实践教学经验的教师担任主编，并吸收了实务部门具有教学指导经验的专家参与编写，致力于打造品牌教材。本套教材具有以下几个方面的特色：一是定位适当、追求卓越。教材编写贯彻了法学院校与实务部门联合培养的要求，在法治理念、法律知识、职业伦理和职业技能上，与时代的要求相适应。二是形式多样、追求优质。根据实践教学课程的特点，采取灵活多样的体例形式，以“学以致用”为目标，争取教材功能在最大程度上得到优化。三是注重应用性，讲究实效。教材编写注重了知识点的应用和技能的可操作性，以满足学生熟练运用法律知识进行创新思考，独立解决疑难、复杂法律问题的能力。

我认为，本套教材同以往的法学实践类教材相比，在质量和层次上都有了新的提升，它既可以作为在校法科生的实训教材，也可作为在职法律人士业务培训的参考书。本套教材的出版，对于推进我国的法学教育特别是法学实践教学必将起到积极的作用。当然，由于实践要求的多样性和编写人员涉足领域的有限性，这套教材也肯定存在许多不足和需要改进的地方，恳请读者提出意见和建议，以便于再版时修正。

楼伯坤

2019 年 7 月 20 日

前言

Foreword

小时候，生性玩劣，成天与发小们打斗、嬉闹于钱塘江边的沙石场。一日，被小伙伴所欺，情急之下，用自制火柴枪①还击，不幸中的大幸，火柴枪发射的火柴棍直接打到了小伙伴的眉骨上，顿时血流满面。事后，缴枪、受训、挨打是难免的，还得在大人的押解下，到对方家中去赔礼道歉。本以为事至如此，也就罢了。不料，几天后，对方家长拿来了400多元的医药费的收据，要求赔偿。400多元的费用对于当时月收入只有80来元又需要供养4个孩子的家庭来说，无疑是笔巨款。老父老母只能无奈地请求对方父母的让步与宽容。但是，似乎对方父母为其儿子受伤一事仍然余火未消，寸步不让。

此事不知何故惊动了德高望重的居委会寿主任。寿主任将双方的父母一齐叫到居委会。不到半小时，母亲回来拉着我回到了居委会。惶恐不安的我被带到了严肃的寿主任的面前。面对寿主任异常严厉的批评，只得低头不语。万般恐惧之中，只听寿主任说了一句：现在调解好了，人家谅解你们家的困难。但是，你必须向对方认错。

道歉是必须的，也是真诚的，毕竟人家同意免掉了大部分医疗费的索赔。此后的教训似乎也没有记得多少，但是，"调解"一词始终在头脑中挥之不去，印象深刻。这是第一次接触调解的实际感受。

多年后，参加工作，进入高校任教。浑浑噩噩地在学校教授了20多年的法律课程。第二次近距离地接触调解已是2009年的事了。那年，承蒙美国 Brian K. Landsberg 教授和 Elliot Milstein 教授的厚爱，受邀担任中美体验式法学教育的授课教员。期间，聆听了美国太平洋大学麦克乔治法学院 Michael Colatrella Jr. 教授的调解课程。其实用的调解经验、丰富的调解理论、生动的调解演练，无不让参加培训的中国教师折服，也同样地深深地触动了我的内心世界。也许从那时开始，激发了笔者对调解工作的浓厚兴趣，着力全面、近距离地了解我国调解的现状与动态。此后一二年中，认真收集调解素材。下农村实地观摩；访街道与当事人促膝谈心；去法院虚心求教；走基层了解民情习俗；请高手交流经验体会；交朋友，感受调解员的酸甜苦辣。

当然，作为法学教育工作者，系统地了解我国法学院校调解课程的设置状况、调解

① 笔者注：小时常用的由牛皮筋、自行车链条、粗铁丝为装置，以发射火柴棍为主的简易玩具。

课程的教学内容及教学方法。从中，笔者切身地感受到我国调解制度厚重的历史沉淀，体验到调解工作的价值与作用。同时，也强烈地感受到我国目前调解教学的困惑与无奈。困惑之一是拥有 80 多万个人民调解组织和 500 万人民调解员[①]的调解大国，不仅没有系统的调解专业，而且系统调解课程的开设也不多见；困惑之二是目前已有的调解课程的教学内容多为调解实务技能，缺乏系统的调解理论、原理，特别是跨学科的调解语言学、调解心理学的原理更是缺乏；困惑之三是所谓的调解实务技能却显得较为抽象概括或者是老生常谈般的泛泛而谈，似蜻蜓点水，缺乏实用价值；对于实用性极强的调解技能，往往言必称"耐心说服""细心开导"，但说服的方法、开导巧门何在？又往往语焉不详，因此，这些所谓的调解技能，在实际调解工作中的实际运用价值令人生疑。

出于对调解工作的热情以及对调解课程的关注，笔者近年来也试图对我国调解实务及调解教学工作存在的问题进行思考。

一是调解工作的重视程度问题。国内司法实务部门和教学科研单位似乎对调解工作存在某种错误的观念：调解等于人民调解；人民调解等于基层工作；基层工作等于低层次工作。因此，多数法学院校不太情愿开设调解课程，学生选修调解课程远非积极与踊跃。笔者丝毫没有对学院或学生存有责备与批评的意思，因为这种错误观念的存在确实是好高骛远的教育理念和不切实际的人才"高消费"观念的真实反应。在实践中，研究型必定是精英，应用型必定是草芥；法官、检察官和律师是高端、大气、上档次的象征，而调解员则往往视为基层、繁琐、婆婆妈妈的代名词。

作为教育工作者，笔者以自身的经历和体会，无数次地切身感受到：优秀的教师，未必能够成为优秀的调解员，但是，优秀的调解员是能够成为优秀的教师的。笔者无意自我贬低教育工作的高尚与尊贵，只是想强调基层调解工作的价值与作用，呼吁法律工作者、社会公众关心、关注调解工作，不要因为调解工作的普通而被冷落；也不要因为调解工作的繁琐而被遗忘，我国的调解工作似隐藏在深山中的宝藏，其调解规则及调解技能急待有识之士去开发和发掘。尤其是当下中国社会，传统的人际关系准则、道德伦理规范、价值信仰体系都不同程度地受到商品经济的冲击，基层调解制度面临着发展中的深层理论危机，完全有必要进一步研究和探索基层调解制度，发掘其制度价值和固有的功能，克服其缺陷和消极作用，并逐步使其规范化、制度化，以期于法制建设有所裨益。

二是调解教学的本土化资源的提炼与运用问题。"中国的法治之路，必须注重利用中国本土的资源，注重中国法律文化的潮流和实际"[②]。在我国调解实践中出现诸

---

① 准确的数据：截至 2012 年底，全国有人民调解组织 82.4 万个，人民调解员 494 万人。引自 http://www.moj.gov.cn/yjs/content/2012-10/18/content_2787430.htm? node=30053。

② 苏力：《法治及其本土资源》中国政法大学出版社 1996 年 6 月。

如广安模式、陵县模式、枫桥经验、南通模式、长宁经验、莆田模式、北京朝阳模式、深圳南山区桃园模式等行之有效的制度经验，提炼人民调解的中国经验并有针对性地充实到教学内容里，使其得以传承和推广。

三是域外经验的借鉴与吸收问题。我们既要传承调解本土化优势和提炼中国经验，同时也要有国际化、全球化的视野，了解、学习、借鉴国外调解领域的优秀成果。近年来，一贯信仰"司法至上"的西方国家开始热衷于多元化的纠纷解决方式，替代性纠纷解决机制(ADR)历史性地登上了西方司法制度的舞台，并在西方高度发达的诉讼文化中占据一席之地，并发挥着极其重要的作用。ADR 制度在西方国家的繁荣，其形成的动因及存在的合理价值值得我们研究与思考，其纠纷解决模式的多元化、调解机构设置的专业化等都是值得我们借鉴。尤其是西方国家调解教学的丰富经验、调解教学多元化的教学手段、有效的训练方法、丰富的调解教学资源，更是值得我国法学教育工作者学习、模仿、借鉴。

近年来，法学教育界顺应了社会发展的需要，法学教育理念开始转变，法学教育逐渐地从知识传递过渡到技能教学，法学实践教学也已经普遍地为国内法学院校所接受。浙江工商大学得风气之先，在浙江省内率先进行一系列的实践教学改革，推出了加强国际合作的"蓝天计划"和强化基层实践的"大地计划"。

得益于"蓝天计划"的资助，使笔者得以走出国门，与国外同行互相交流调解教学的经验、共同分享调解教学的成果；受惠于"大地计划"的实施，使笔者能够真切地了解和观察中国基层调解工作的现状，能够结识与拜访各路调解高手，共同探讨与交流调解工作的经验、体会。特别需要感谢的是浙江工商大学法学院谭世贵院长和楼伯坤副院长在"科研挂帅""论文至上"的当下，能够独具慧眼，切实地推进与落实"卓越法律人才基地"的建设，为生活在"象牙塔"式的法学院教师与学生，提供了能够深入司法实践，接受"地气"的良好机会，并且及时地调整培养方案，增设了调解课程，为调解理论与调解实践的融通提供了有效的平台。

最后，在本书写作过程得到了杭州市江干区人民法院、临安市人民法院、临安市司法局、下沙开发区白洋街道、西湖区蒋村街道。感谢相关单位领导的慷慨与热情，使笔者能够接触丰富的第一手调解资料；感谢相关单位调解高手的有益建议和意见，使本书的结构趋于合理、内容更趋丰富。最后特别要感谢美国太平洋大学麦克乔治法学院的 Michael Colatrella Jr. 教授、Dorothy S. Landsberg 教授和 Melissa Brown 教授，使笔者有机会完整地聆听美国法学院 JD 的调解课程，真切感受与体验美国调解教学的务实与实效；也感谢他们的积极引荐，笔者得以走进加州 Scaramento 的社区调解中心，领略不同的调解风格、域外经验。

编者

2014 年 6 月

目录
Content

第一章　调解概述

一、纠纷与纠纷多元化

(一)纠纷、民事纠纷与民间纠纷

纠纷是指社会主体间的一种利益对抗状态。简单地说,纠纷就是有争议的事情。具体地说,就是一方或多方因为某种权利义务关系不明确而发生的一种矛盾争端。纠纷所体现的是人与人之间、人和单位之间、单位和单位之间发生的一种不确定的或是错乱的权利义务关系。

所谓民事纠纷,常见于民事法律规范之中,是目前较频繁使用的法律概念,它是指平等主体的公民之间、法人之间、公民与法人之间发生的,以民事权利义务为内容的社会纠纷。

“民间纠纷”一词虽然在日常生活中十分常见,并且与调解有着密切的关系,但极少被运用到法律规定中。1990 年 4 月 19 日司法部发布的《民间纠纷处理办法》出现了“民间纠纷”一词,并且对“民间纠纷”内涵进行进一步的界定。该办法第 3 条规定:“基层人民政府处理民间纠纷的范围,为《人民调解委员会组织条例》规定的民间纠纷,即公民之间有关人身、财产权益和其他日常生活中发生的纠纷。”但是,此后的《人民调解委员会组织条例》等相关立法(如《民事诉讼法》《村委会组织法》《居委会组织法》《人民调解委员会组织条例》)一直未对民间纠纷的范围予以进一步的明确。

虽然,我国立法上并没有对民间纠纷进行明确的定义,但是从它的出现语境及调解实际工作范围来看,往往是指在日常生活中与公民关系密切的纠纷,如婚姻家庭纠纷、生产经营性纠纷、财产性纠纷、侵权性纠纷等。

一般而言,“民间纠纷”的范围小于“民事纠纷”的范围。但是,近年来其范围从婚姻、家庭、邻里等常见性、多发性民间纠纷扩展到公民与法人及社会组织之间的矛盾纠纷,以及村务管理、农民负担、土地承包及流转、征地拆迁和补偿、施工扰民、环境污染、劳动争议,拖欠农民工工资、医患纠纷等各个方面的纠纷,其外延在逐步扩大。

(二)我国民间纠纷的类型

在我国,民间纠纷的类型可以按照发生纠纷的主体来分,分为家庭成员之间的纠纷、邻里之间的纠纷和宗族之间的纠纷。

家庭纠纷主要是指家庭成员内部的纠纷。家庭纠纷大都因日常生活中家庭成员之间在处理家庭事务、人情往来、财产添置或处置、家务劳动的分担、对老人的赡养、遗产继承、分家立户方面引起的矛盾与纠纷。这些纠纷主要集中于父母与子女关系、婆媳关系、翁婿关系、妯娌关系等。家庭是社会的组成细胞,家庭成员的关系极为亲密,由婚姻和血缘连接,家庭成员间有互相扶养帮助的义务。

邻里纠纷就是以地缘相邻关系而形成的街坊、邻里之间在日常生活中发生的争执。邻里纠纷主要表现在公用的楼道内,堆放杂物、乱倒垃圾,乱停乱放各种车辆;建筑物间距而影响邻居通风采光;环境噪声污染,扰乱邻居生活;公共设施被肆意占用;邻里间互不谅解,互不支持,以邻为壑,搬弄是非,或因宅界、小孩打架闹事处理不当等矛盾激化而引起的民事纠纷。

宗族纠纷主要是指某一地区的家庭宗族组织之间因土地使用、村民选举等产生的纠纷与矛盾。家庭宗族是封建地域性组织,它以血缘关系为纽带,奠基在小生产的闭塞的自然经济之上,存在了许多世纪。新中国成立后,作为旧中国政治支柱之一的封建家庭宗族制度,随着旧中国的覆亡而同归于尽了,但作为观念形态的家庭宗族思想却还残存于某些人的头脑中。近年来,我国不少农村地区,尤其是边远山区,封建宗族活动有所抬头,特别是村民选举等促进农村民主化进程的活动也往往受到家族的左右,大姓村民的利益受到保护,而小姓村民的权益则被忽视甚至侵害;而且,因宗族纠纷而结伙斗殴的事也时有发生。人们信奉"亲只三代,族有万载"的训条,寻求族人之间的互相帮助保护,往往因一些鸡毛蒜皮之事形成家族间的恶性纠纷甚至械斗,严重破坏了农村的社会秩序。因此,宗族纠纷往往影响大、涉及面广,容易上升激化成群体性事件,有的纠纷还牵涉到历史问题,比较复杂。

民间纠纷还可以按照发生纠纷原因分类,分为:一是生产纠纷,即在生产过程中,因宅基、园林权属、水系利用、排灌抗灾、生产操作而引起的纠纷;二是经济纠纷,即在经营和消费活动中因合同、债务、经济往来、利益分配等产生的纠纷;三是工作纠纷,即在城镇与农村的各行各种中,因为履行工作职责或为完成某项具体任务,涉及同事、同行等的切身利益,而产生一些工作矛盾和冲突。如在实施村镇规划、落实计划种植、兴修水利、抗旱防涝、殡葬改革、计划生育等工作中,若村组干部急于求成,忽视了思想工作,单纯采取行政手段,往往易诱发群众的抵触情绪和逆反心理,引起干群之间的对立。

民间纠纷从纠纷的表现形式来分,可以分为婚姻家庭纠纷和生产经营权纠纷。婚姻家庭纠纷主要包括因解除婚约,夫妻不和,离婚,妇女带产改嫁,借婚姻关系索取财产及父子、婆媳、妯娌、兄弟姐妹、夫妻之间因分家析产、赡养、抚(扶)养,以及家务、家庭暴力等引起的纠纷。生产经营权纠纷主要包括种植、养殖、买卖等生产经营方面引起的纠纷,还包括因地界、水利、山林果树、草场、滩涂、农机具和牲畜等生产资料使用方面引起的纠纷。财产权属纠纷主要包括所有权纠纷、使用权纠纷、债权债务纠纷等。民事侵权纠纷主要包括情节轻微地损害他人财物、轻微伤害、损害名誉等行为引起的纠纷。

从民间纠纷是否易于调解的角度,可以将民间纠纷分为易调解的民间纠纷和不易调解的民间纠纷。

所谓易调解的民间纠纷主要是民间纠纷的当事人之间的社会关系存在着长期性(比如家庭关系、长期客户关系)、综合性的,难舍难分(如不动产相邻关系),这种社会关系往往是建立在特有的亲缘秩序和集体关系之上的,这种矛盾往往比较容易通过调解的方法来解决纷争,既可化解彼此之心结,又能维持和谐人际关系,促进亲缘和群体的和谐。

不易调解的民间纠纷往往产生于临时性的、单一性和偶然性的社会关系(比如乘客与出租车司机之间、消费者与商家之间等),这种纠纷当事人往往缺乏熟人社会的场域影响,又没有人情、礼俗的制约,往往容易产生非合作的抵触性,甚至滋生敌意。由于这类纠纷既缺乏情感亲缘基础,又缺乏合作和和谐的未来,因此,在现实中,往往不易通过调解的方法来解决。

当然,所谓的易调解与不易调解并非绝对,在实践中,当事人往往出于对利益得失的权衡,道德的感化,不易调解的纠纷也可转为可调解的纠纷;反之,当自发的、零散的、轻微的本来容易调解的矛盾,由于没有得到及时解决,使矛盾摩擦上升为矛盾冲突,烈度与强度不断地增强,引发更大范围、更加激烈的冲突,引发严重的群体性对抗。因此,所谓易调解与不易调解的民间纠纷并非矛盾本身,而关键在于当事人是否理性地认识和对待纠纷,能否找到合情、合理、合法的平衡点与基准点,才能解决纠纷。

(三)民间纠纷的解决机制

民间纠纷的形成和存在,必有其发生的原因,因其发生的原因不同,自有其不同的解决之道。因此,社会矛盾形成的原因和存在的形式决定着矛盾纠纷的防范和化解方式。目前,我国化解民间纠纷的主要途径有当事人自力救济、司法救济和社会救济三大类型。

1. 当事人自力救济方式

当事人自力救济的方式又称为私力救济,主要有自决与和解的方式。自决指纠纷主体一方凭借自己的力量使对方服从;和解指双方相互妥协和让步,两者皆依自身力量解决争议,不受任何规范制约。诸如婚姻、家庭、邻里、借贷等民间纠纷,人们往往选择这种救济方式,民间称为“私了”。私力救济具有简易、便捷的特点,仍然是我国解决民间纠纷的重要渠道之一。①

但是私力救济缺乏内在的判断基准，并且程序具有极大的随意性和非规范性，往往更多的时候依赖于当事人之间的实力对比，即双方可拥有的各种资源，因而在当事人双方的地位不平等的情况下，协商或和解极有可能是不平等的。

2. 司法救济方式

司法救济是运用国家权力调整处理各种社会关系和矛盾并强制相关当事人履行法定义务的一种救济手段。因此，它具有权威性、强制性，也是社会救济中最终的救济方式。从人们选择的纠纷解决方式来看，属于生产经营纠纷、债务纠纷的，人们更愿意选择司法解决。司法救济的解纷方式，虽然费时、成本较高且与中国传统“以和为贵”的理念不符，但其具有权威性、强制力、公正性，往往成为人们解决纠纷的不二选择。但是过滥的司法救济会扩大和加剧社会关系的对抗性和紧张，增加经济生活和市场运行的成本，贬损自治协商、道德诚信、传统习惯等一系列重要的价值和社会规范，使社会共同体的凝聚力衰退。

3. 社会救济方式

求助于司法以外的第三方解决纠纷的方式，主要包括调解、仲裁及行政裁决等，可视为“第三领域”。其中被西方人称为“东方经验”的人民调解制度是乡村社会一种较为常见的纠纷解决方式。

无论是当事人自力救济，还是司法救济或者社会救济方式都是有效化解矛盾，解决冲突的方法。但是，在推进法治化的过程中，过于强调司法救济的主导和统治地位，忽视和淡忘了社会救济方式所具有的优势和价值，使以调解制度为核心的社会救济方式受到了相当大的冲击。立足于基层社区的社会救济方式具有增强凝聚力、维系传统道德与传统文化的价值，在基层社会治理和推进自治方面的功能以及协调国家法与民间习惯的过渡作用，都是司法救济方式不可替代的。

2002 年 7 月以后，经过阶段性的反思，国家政策进行了相应的调整，纠纷解决机制开始出现了一些新动向：法院在注重以开庭和判决为核心的审判方式改革的同时，重新开始重视调解、提倡和解，并正在加强与民间性调解的衔接，人民调解协议的效力得到了认可。与此同时，有关机构和部门正在积极重构和完善现有的社会救济机制。

二、调解的概念及特征

(一)调解的概念

调解是人类社会进程中的一种解决矛盾、平息纠纷、化干戈为玉帛、构建和谐社会

① 孙冕：《法社会学视野下的乡村民间纠纷解决机制》，《南京财经大学学报》，2006 年第 6 期，第 77 页。

的实践活动，也是中国传统法文化的重要资源，其源远流长，被视为远东法系和中华法系的基本标志之一，也被西方法学界称为“东方经验”。

对于调解的概念，学者们提出了众多的见解，但争议不大。《中国大百科全书·法学》解释如下：“双方或多方当事人之间发生民事权益纠纷，由当事人申请，或者人民法院、法庭、群众组织认为有和好的可能性时，为了减少讼累，经法庭或群众调解组织从中排解疏导、说服教育，使当事人互相谅解，争端得以解决，是谓调解。”①也有学者认为：调解是一种双方在第三者介入的情况下通过合意解决纠纷的方式。作为一种典型的非诉讼解决方式，其基本特征是双方当事人的合意。

一般而言，调解指的是以国家法律、法规、规章和政策及社会公德为依据，在第三方的主持下，对纠纷双方进行斡旋、劝说，促使他们互相谅解，进行协商，自愿达成协议，消除纠纷的活动。②

在中国，调解制度有着悠久的历史，最早可以追溯到3000多年前的西周奴隶制时代。在西周官府中，就设有“调人”“胥吏”的官职，专门负责调解纠纷、平息诉讼的工作。古代人对“调解”一词有“居间”“排解”“调停”“劝解”等多种提法，但含义只有一个，就是指一种纠纷解决方式，即当发生纠纷时，由中立的第三方对矛盾双方进行协调和处理，协助当事人达成合意和解决纠纷的活动。由于调解符合我国“以和为贵”的道德传统，所以一直得到长足的发展，并延传至今。现今在中国社会较为普遍存在的人民调解制度是在20世纪40年代产生于革命根据地的一种独特的调解方式，是指人民调解组织人员以法律规定、国家政策和社会公德为依据，以双方当事人自愿为前提，通过对当事人进行说服教育、规劝疏导，促使当事人互谅互让，消除纷争的一种群众自治活动，是我国调解制度的重要组成部分。

（二）调解的特征

与司法诉讼相比较，调解具备明显的特征③：

第一，当事人的主导性。当事人是调解过程的主体，在调解的过程中，当事人可以

① 《中国大百科全书·法学》，中国大百科全书出版社1984年版，第589页。

② 江伟、杨荣新：《人民调解学概论》，法律出版社1994年版，第1页。

③ 有关特征，目前在国内文献中描述最为精当的是范愉教授在《非诉讼纠纷解决机制研究》中的论述：“理想状态下的调解的体验是自愿的，非胁迫性的，比法院更有人情味，更适合各纠纷当事人的需要。整个过程是一种讨价还价和谈判。讨论是没有限制的，可以充分暴露情感和观点，结局一般是妥协而不是胜负的判定，并且考虑双方的整体关系。规则为讨论提供了一个框架，各方运用这些规则来为自己的立场辩护，但这些规则并不决定结果，这个过程不是让问题去适合规则，而是就公平与正义的解决在双方之间达成一致协议，即使这样做违背了现有的规则。解决的方式是补偿性的而不是惩罚性的，注重缔造和平而不施加惩罚，他们的工作是使当事人言归于好，化解敌意，维护相对亲和与合作的关系。因此，调解似乎是比审判更适宜弥合破裂的个人关系的程序。调解的本质是其弥合双方关系的能力，不是靠强制，而是靠帮助他们达成一种新的对双方关系的共识，这种共识将重新指导他们对相互之间关系的态度和处置方式。”

"充分暴露情感和观点"[①],其结局"一般是妥协而不是胜负的判定"[②]。无论是程序的启动、程序类型的选择及程序的运行,还是调解方案的提出、采用乃至执行都由当事人自由决定。整个纠纷解决的过程彻底贯彻了当事人主义,实际上是一个以合意为核心的契约行为。

第二,解决纠纷的彻底性。调解能有效地解决当事人之间的纠纷,消除对立情绪,"注重缔造和平而不施加惩罚,他们的工作是使当事人言归于好,化解敌意"[③],是一种"向前看"的解决方法。调解组织运用调解的方法,说服疏导当事人,不仅解决当事人之间的纠纷,而且消除他们之间的对立情绪,修复他们之间的破损的人际关系,为他们重新合作创造条件。而且,达成的调解协议也便于履行,因为是在当事人合意达成解决纠纷的协议,所以能得到顺利履行。

由于调解工作直接作用于人的内心,触动的是人的灵魂,唤醒和挖掘了人性闪光的一面,因此,这个过程和结果,对于双方当事人来说,往往比诉讼得来的"非对则错、非赢即输"的胜负判决更为满意,更容易执行,也更能彻底解决矛盾纠纷,减少"后遗症",修复双方关系,维持社会稳定,达到既解决纠纷又不伤和气的目的,从而实现双赢。

第三,解决纠纷的及时性、便捷性。由于调解机构和调解员就存在、生活在普通民众中间,可以对出现的纠纷及时进行调解,有效地防止纠纷的扩大化、恶性化。调解的程序较诉讼程序简单得多,没有严格的程序限制,可以便捷地解决纠纷,调解形式多样,组织便利,履行容易,且无须当事人交纳费用,最大限度地满足了社会和人们的现实需要,能有效实现有限司法资源的效益最大化。

三、调解的类型

(一)人民调解

人民调解是指人民调解组织人员以法律规定、国家政策和社会公德为依据,以双方当事人自愿为前提,通过对当事人进行说服教育、规劝疏导,促使当事人互谅互让,消除纷争的一种群众自治活动,是我国调解制度的重要组成部分。人民调解突出的特点是能把纠纷解决在基层组织,调解的方式方法灵活、自愿性较大;调解成功的自动履行率很高;达成的调解协议更合情合理,符合社会道德的要求;调解不收取费用。除此之外,人民调解还能起到宣传法制、预防纠纷、防止矛盾扩大的作用。人民调解对化解民事纠纷、正确解决人民内部矛盾、加强人民之间的和睦团结、维护社会治安、促进社

---

① 范愉:《非诉讼纠纷解决机制研究》,中国人民大学出版社 2000 年版,第 43 页。
② 同上。
③ 同上。

会主义的精神文明起着重要的作用,但是人民调解目前存在的主要弊端是:调解的权威性较弱,调解的随意性较大,易出现不规范的调解;调解协议本身不具有强制力;调解员队伍年龄结构、知识结构存在较大问题。

(二)诉讼调解

诉讼调解即法院调解,是指人民法院的审判人员按照民事诉讼法的相关规定,以双方当事人自愿为前提,组织当事人协商解决民事纠纷的一种诉讼活动。《中华人民共和国民事诉讼法》规定:人民法院审理民事案件,应遵循查明事实、分清是非、自愿与合法的原则,调解不成,应及时判决。法院调解,可以由当事人的申请开始,也可以由人民法院依职权主动开始。调解案件时,当事人应当出庭,如果当事人不出庭,可以由经过特别授权的委托代理人到场协商。调解可以由审判员一人主持,也可以由合议庭主持,并尽可能就地进行。除法律规定的特殊原因外,一般应当公开调解。在法院调解中,可以邀请相关单位或个人参与调解,被邀请的单位和个人,应当协助人民法院进行调解。在审判人员的主持下,双方当事人自愿、协商达成调解协议,协议内容符合法律规定的,应予批准。调解达成协议的,人民法院应当制作调解书。调解书应当写明诉讼请求、案件的事实和调解结果,由审判人员、书记员署名,加盖人民法院印章,送达双方当事人签收后,即具有法律效力。其主要优点是:调解具有较为规范的程序;法官作为调解的主持人员具有较为专业的法律知识,大大增强了调解的合法性和可操作性;其达成的调解协议具有强制执行的效力。其弊端是:"调审合一"的现状使"以判压调""久调不判"的情况无法彻底避免,当事人调解的自愿性降低;调解要收取费用;对当事人双方恶意串通调解,因法官对当事人缺乏了解而难以做到彻底的防范。

(三)行政调解

行政调解是指有关国家行政机关及其工作人员依照法律法规规定,在其行使行政管理的职权范围内,对特定的涉及行政事务、行政处罚、行政决定、国家赔偿等引发的矛盾和纠纷进行调解的一种形式。具体而言,包括基层人民政府调解和政府职能部门调解。

1. 基层人民政府的调解

1990 年 4 月 19 日司法部发布的《民间纠纷处理办法》赋予了基层人民政府对各类民间纠纷的调解权,该法第 3 条规定:"基层人民政府处理民间纠纷的范围,为《人民调解委员会组织条例》规定的民间纠纷,即公民之间有关人身、财产权益和其他日常生活中发生的纠纷。"此后,国家还通过法律、行政法规赋予地方人民政府和有关部门对行政工作中涉及的民事纠纷进行调解。《突发事件应对法》第 21 条规定:"县级人民政府及其有关部门、乡人民政府、街道办事处、居民委员会、村民委员会应当及时调解处理可能引发社会安全的矛盾纠纷。"

调解民、商事纠纷和轻微刑事案件一直是我国基层人民政府的一项职责，主要是由乡镇人民政府和街道办事处的司法调解员负责进行。我国法律规定：司法调解员是基层人民政府的组成人员，也是司法行政工作人员，除了指导人民调解委员会的工作和法制宣传外，在日常工作中还要调解大量的民、商事纠纷及情节轻微、危害不大的刑事自诉案件。

2. 政府职能部门调解

政府行政执法机关，在行使行政执法过程中，根据法律规定或者法律授权，对于与行政争议或者与行政争议相关的争议进行调解的制度，目前我国的行政调解机关主要是以政府职能部门为主，按照具体职能，主要分为：

(1)国家工商行政管理机关的行政调解。工商行政管理机关对合同纠纷、消费者权益纠纷、侵犯商标专用权等可以依法进行调解。

(2)公安机关的行政调解。我国《治安管理处罚法》规定，对于因民间纠纷引起的打架斗殴或者损毁他人财物等违反治安管理的行为，情节轻微的，公安机关可以调解处理；我国《道路交通安全法》规定，公安机关处理交通事故，应当在查明交通事故原因、认定交通事故责任、确定交通事故造成的损失情况后，组织当事人和有关人员对损害赔偿进行调解。

(3)婚姻登记机关的调解。我国《婚姻法》规定，男女一方提出离婚的，可由有关部门进行调解和直接向人民法院提出离婚诉讼。同时，该法还规定，男女双方自愿离婚的，应同时到婚姻登记机关申请，据此，婚姻登记机关也可以对婚姻双方当事人就是否离婚、离婚中所涉及的夫妻共同财产和子女抚养等问题进行调解。

(四)仲裁机关调解

仲裁调解是一种复合式的争议解决方法。它是指仲裁程序启动后，根据当事人的请求，或者仲裁员在征得当事人的同意后，在仲裁庭主持下，双方当事人平等协商解决纠纷的情形。仲裁调解既吸纳了仲裁的可执行性，又介入了调解的灵活、便捷，大大强化了解决纠纷的功能。我国《仲裁法》第 2 条规定适用的范围是“平等主体的公民、法人和其他组织之间发生的合同纠纷和其他财产权益纠纷”。

(五)社会调解组织的调解

随着市场经济建设的发展，在我国的建筑、保险、旅游、广告、律师、印刷、医药等各行各业也开始逐步成立了各种各样的行业协会和组织，它们在调整行业性的矛盾和纠纷过程中的作用也开始逐渐凸显。目前，相对比较普遍的社会组织调解主要有劳动争议调解和医事纠纷调解。

第二章 调解的基本原则

调解基本原则是在调解过程中能够始终贯彻并能反映调解客观规律的准则。由于我国调解制度主要有法院调解和人民调解之分，在调解实践中，法院调解与人民调解在调解员选派、调解依据和调解协议的效力等诸多方面存在差异，因此，调解基本原则区分为共有原则和特有原则。所谓共有原则是指，由宪法和法律确立的，适用于法院调解和人民调解的基本原则，共有原则表现为法院调解和人民调解活动都必须遵守的共同的行为准则。特有原则是指法院调解和人民调解各自特有的、根据其自身性质和任务制定的，只适用于特定调解活动的基本准则。

一、调解的共同原则

（一）当事人自愿、平等的原则

当事人自愿平等原则包括两方面内容：一方面是调解协议的签订、协议的内容、协议的执行，都必须出于双方当事人的自愿和同意，不得有任何勉强与强迫。当民间纠纷发生后，当事人可以申请调解或接受调解作为解决纠纷的途径，也可以拒绝调解；即使在调解进行的过程中，当事人也可以拒绝继续调解而寻求其他救济途径；当事人可以接受调解机构安排的调解员，也可以自主选择调解员；当事人可以接受调解员提出的调解方案，也可以自行提出调解方案；当事人可以自主选择达成书面协议还是口头协议；等等。另一方面，当事人在调解的过程中享有平等的地位，权利行使平等，义务履行平等，任何人均不享有特权。调解组织和调解员有义务在调解活动中尊重和保障当事人的自愿平等权利。

我国《民事诉讼法》第 93 条规定："人民法院审理民事案件，根据当事人自愿的原则，在事实清楚的基础上，分清是非，进行调解。"第 96 条规定："调解达成协议，必须双方自愿，不得强迫。调解协议的内容不得违反法律规定。"最高人民法院颁布的《关于人民法院民事调解若干问题的规定》第 12 条规定："违背当事人真实意思的调解协议，人民法院不予确认。"由此可见，自愿原则乃是诉讼调解的基本原则，也是诉讼调解基本原则中的核心原则。

我国《人民调解法》第 3 条规定："人民调解委员会调解民间纠纷，应当遵循下列原则:在当事人自愿、平等的基础上进行调解……"人民调解之所以必须遵守当事人自愿平等原则,主要是因为人民调解是运用民事方法帮助当事人解决纠纷,必须遵守我国民法规定的民事法律关系主体法律地位平等、民事法律行为意思自治两大原则。

调解工作只有坚持自愿平等的原则,充分尊重双方当事人的意愿,确保纠纷当事人在调解纠纷活动中地位平等,减少当事人双方的对立情绪,为纠纷的调解创造良好的气氛,从而取得好的调解效果。同时,也为调解协议的自觉履行和纠纷当事人今后长期和睦相处奠定良好的基础。

(二)诚信原则

诚实信用,简称诚信,诚即真诚、诚实;信,即守承诺、讲信用。诚实信用原则是民法中的基本原则,即人们在市场活动中讲究信用,恪守诺言,诚实不欺,在不损害他人利益的前提下追求自己的利益[①]。调解的诚实信用原则,是指调解组织、当事人及其他调解参与人在调解民事案件中必须公正、诚实、善意。

诚实信用原则在调解中的适用主要体现在:禁止反悔及矛盾行为;禁止以不正当的方法或手段骗取有利于自己的调解结果;禁止滥用调解权利;禁止在调解中作虚假陈述,影响调解人员对案件事实的判断。

诚信原则能够在调解中规制双方当事人和调解人员的调解行为,从而促使当事人本着诚实、善意的态度进行调解,顺畅地达成调解协议。

(三)独立性(中立性)和公正性原则

独立性(中立性)是侧重于调解人员与当事人之间的关系,即调解人员与当事人、当事人的代理人之间不存在影响调解的密切关系。

公正性是指调解人员在双方当事人面前应当保持不偏不倚的态度,不得对任何一方当事人或者当事人之间争议的纠纷存有偏袒或者歧视。在调解程序中,调解人员都应当独立于双方当事人并且对程序结果没有任何利益,赢得当事人的信任。

调解人员的独立性(中立性)和公正性是调解制度得以生存和发展的重要保证。我国上海市司法局 2011 年制定的《上海市人民调解员行为规范》第 9 条规定:"人民调解员应当及时披露本人存在的可能导致影响调解独立性、公正性的情形;不得调解本人及近亲属的或者与本人及近亲属有利害关系的纠纷。"第 13 条规定:"人民调解员应当平等对待各方当事人,充分尊重当事人意思表达的权利,充分听取各方当事人的陈述;不得有偏袒一方当事人的言行;不得压制、阻碍当事人发表意见。"

欧盟《调解员行为法典》对调解员的独立性(中立性)的规定更为明确而具体:调解员在公开可能或看起来可能影响自己独立性或可能与本案有利益冲突的全部情况之前,禁止开始调解,以及继续进行已经开始的调解。公开信息的义务贯穿整个调解程

① 梁慧星:《民法解释学》,中国政法大学出版社 1995 年版,第 301 页。

序始终。应当公开信息的情形包括:和当事人一方有任何私人的或者商务的关系;和调解结果有任何的财务上或者其他利益上的,直接或者间接的关系;调解员本人,或者该调解员所属的机构中的一个成员,曾经为一方当事人以非调解员的身份提供过服务。

当上述情况出现时,调解员只有在该调解员可以确信自己能够完全独立并且中立地进行调解以保证程序公正,并且当事人明确表示同意该调解员进行调解的情况下,才可以接受或者继续调解。①

二、法院调解的特有原则

作为我国调解工作重要形式之一的法院调解,是在人民法院审判人员的主持下,双方当事人就民事权益争议自愿、平等地进行协商,以达成协议,解决纠纷的诉讼活动和结案方式。由于人民法院国家审判机关的特性,决定了法院调解在调解程序、调解实体法的运用等方面具有其鲜明的特点。

(一)真实原则

真实原则即查明事实、分清是非原则,是指诉讼调解应该建立在事实清楚、是非明确的基础上。真实原则是我国以事实为依据、以法律为准绳的办案原则在法院调解上的折射。《民事诉讼法》第 93 条规定:“人民法院审理民事案件,根据当事人自愿的原则,在事实清楚的基础上,分清是非,进行调解。”就本意而言,调解就是“调和解决”纠纷,本身就包括对某些界限不清的事实的责任问题进行模糊处理,互谅互让,以此达到既解决纠纷又不伤和气。但是,在我国的司法背景下,为了防止法官不顾事实,和稀泥式的调解,真实原则具有特殊的价值与意义,真实原则实际上更多的是对法官的一种规制。真实原则具有其特殊的时代背景,也是我国法院调解独具特色的一个原则。同时,真实原则更接近“司法公正”的实质要求,从真实原则可以看出我国法院调解的法律目的,在于追求实质上的公正即纠纷的实质解决,公正与否取决于结果的公正与否,而不是取得这种结果的过程。

(二)保密原则

保密原则是指人民法院调解案件原则上不公开调解,当事人要求公开调解的,人民法院应当允许;调解法官和参与调解的有关组织以及其他个人,应当严格保守调解信息,当事人要求不公开调解协议内容的,人民法院应当允许。这是 2004 年最高人民法院《关于人民法院民事调解工作若干问题的规定》创设的一个新的诉讼原则,有利于保护当事人的个人、家庭隐私或商业秘密,也有利于营造一个良好的调解氛围,促成当

① 司法部:《人民调解法》,立法工作领导小组办公室编写的《人民调解立法参考资料》,法律出版社 2008 年版,第 52 页。

事人以诉讼调解的方式解决纠纷。

长期以来，我国《民事诉讼法》没有对法院调解的方式做出明确而具体的规定，因此，法院调解的方式基本参照执行民事案件的开庭审理的方式，一般应公开进行。除了涉及国家机密和个人隐私的案件，一律不公开进行，以及离婚案件与涉及商业秘密的案件，当事人要求不公开并经法院审查决定不公开进行之外，其他案件，都应公开进行调解。这就是我国法院调解长期存在的“公开调解为原则，以保密为例外”。公开调解，固然可以对群众进行宣传教育以增强其法制观念，也可以强化审判人员依法办案的意识，但是，公开调解无形中会给当事人带来巨大社会压力和心理障碍，不利于当事人自主行使民事权利，也不利于当事人间互信、互让调解氛围的形成。我国正式对不公开调解原则进行明确规定的规范性文件是 2004 年最高人民法院的《民事调解规定》，根据该规定第 7 条：“当事人申请不公开进行调解的，人民法院应当准许。”该《调解规定》确立的调解保密（不公平）原则既尊重当事人的自愿选择权，也符合诉讼调解的客观要求，顺应世界通行的调解原理。

（三）调解协议可强制执行原则

法院调解书一经送达当事人签收，立即产生法律效力，具有和法院判决一样的法律效力，是法院强制执行的依据。当事人不得反悔也无权再向法院起诉，只是在确有违反自愿原则的情况下才可向法院申诉。《民事诉讼法》第 97 条规定：“调解达成协议，人民法院应当制作调解书。调解书应当写明诉讼请求、案件的事实和调解结果。调解书由审判人员、书记员署名，加盖人民法院印章，送达双方当事人。调解书经双方当事人签收后，即具有法律效力。”已经具有法律效力的调解协议对于双方当事人都具有约束力，双方均应自觉履行，不得违反。一方当事人不执行调解协议，另一方当事人有权申请人民法院执行，经过人民法院教育、说服，仍然拒不执行，人民法院可以强制执行，以保障当事人的合法权益，体现法律的严肃性。

三、人民调解的特有原则

人民调解是中国特色社会主义法律制度的组成部分，人民调解委员会是分布在城乡基层的群众性自治组织，与人民法院的诉讼调解相比较，人民调解无论是调解机构的性质、调解员的选择，还是调解依据、调解协议的效力等都有自身明显的特点。

（一）不违背法律法规政策原则

不违反法律法规的基本原则，调解组织调处民间纠纷的依据不能违反强制性的国家法律法规和政策的规定。可以说，这种限定还是给调解在规范适用上留下了必要的余地。即人民调解组织既可以依照国家的法律、法规和政策进行调解活动，也可以根据社会主义道德规范、公序良俗、行业或团体规范以及惯例进行调解。

人民调解是中国特色社会主义法律制度的组成部分，国家法律、法规和政策是评判是非的主要尺度，是正确调解民间纠纷的依据和准则。在调解纠纷的工作中，无论是教育、劝说当事人，或是分析判断纠纷的性质和是非曲直，或是向当事人提出协议的方案等，原则都应依照国家法律、法规和政策。只有按照法律、法令和政策进行调解.才能使当事人解开思想疙瘩，认清白己在纠纷中所应承担的责任，明确怎样处理纠纷才是合法的，并且心悦诚服地接受调解人员提出的合理、合法的调解方案。

但是，民间纠纷的内容主要涉及当事人有权自行处分的人身、财产权益。因此，在不违背法律、法规和国家政策的前提下，可以依照社会公德、村规民约、公序良俗、行业惯例进行调解。中国人自古以来安土重迁，追求稳定生活，家家户户祖祖辈辈，繁衍不息，社会流动性小，形成了一个熟人社会。同时中国人历来讲究情面，讲话做事总会顾及个人脸面而不伤人感情，不愿意撕破脸皮弄得剑拔弩张。不顾及情面的人纵然有理，也会受人指责。一旦纷争生成，在相对狭窄的地缘空间内，中国人就会考虑到情面问题，有些介于法律与情理之间的纠纷，需要充分运用情理、风俗习惯的特殊功能，才能解决问题。法院调解必须以法律为准绳、为武器；而人民调解不拘形式，不以法律为唯一解纷准绳，这一点比司法救济的维度更广，更利于化解纠纷。民间纠纷的内容主要涉及当事人有权自行处分的人身、财产权益。因此，在不违背法律、法规和国家政策的前提下，可以依照社会公德、村规民约、公序良俗、行业惯例进行调解。

2010 年《人民调解法》的颁布构成人民调解发展史上的分水岭。此前的人民调解注重和突出依法调解原则，社会主义道德作为人民调解的依据，是依法调解的重要补充。[①] 从《人民调解法》颁布以前的法律法规的规定来看，虽然，依法调解并不排斥道德、习俗和情理的适用，但从实际应用的情况来看，无疑处理调解首要的是适用国家法律法规和政策，是第一位的，而适用道德、情理和习俗是第二位，是补充性的，前后顺序主次分明。

过分注重依法行事，在调解过程中，在分清是非的基础上，往往以法律规定为唯一依据，忽略了将法律与传统道德、民俗习惯的融会贯通，忽略了民事纠纷(尤其是家庭内部纠纷)内在的特殊性和复杂性，忽略了依靠血缘地缘关系、村规民约，忽略了亲情、乡规民约、善良风俗的制约作用。

现行的《人民调解法》的不违反法律法规政策原则，奠定了人民调解与法治相互融洽的基础，消除了适用法律法规政策与适用情理、风俗习惯的主次区别。从当代人民调解的实践看，依法调解与依情理调解、依风俗习惯调解等其他调解方式并非截然分开，而是处于一种交融状态。这种交融状态恰恰说明，当代法治社会中兼用“情理法”的人民调解机制，在方法上优于司法救济的一大特点和优势。

---

① 江伟:《人民调解学概论》，法律出版社 1990 年版，第 41 页。

(二)尊重当事人诉讼权利原则

尊重当事人诉讼权利的原则,是指调解组织对民间纠纷的调解不是提起诉讼的必经程序,也不是人民法院对案件进行判决的前置程序,不得因未经调解委员会调解或者调解不成而阻止当事人向人民法院起诉,也不能因为当事人不同意调解或者没有达成调解协议而妨碍案件的及时判决。

公民的财产权益和人身权益受到侵害或引起争执时,有权向人民法院起诉,请求人民法院行使审判权,依法保护其合法权益。这是法律赋予公民的一项重要诉讼权利,任何组织和个人都无权剥夺。调解组织特别是人民调解委员会在开展调解工作时,同样应当尊重当事人的诉讼权利,不能限制当事人直接向人民法院起诉,人民法院亦不得以未经人民调解委员会调解而拒绝受理。具体表现:纠纷双方当事人不愿调解,可以直接向人民法院起诉,调解不是诉讼的必经程序。人民调解委员会在调解民间纠纷时,未能达成协议,当事人要求向法院起诉的,调解委员会不得阻拦。虽然调解达成协议,但事后一方或双方当事人反悔,当事人要求向法院起诉的,调解委员会也不得阻拦。

(三)主动调解原则

人民调解工作在遵守自愿平等原则的同时,必须正确对待和处理好当事人申请自愿调解和主动调解、防止民间纠纷激化的关系。《人民调解法》第 17 条规定:"当事人可以向人民调解委员会申请调解;人民调解委员会也可以主动调解。当事人一方明确拒绝调解的,不得调解。"因为民间纠纷不但会给当事人带来困难和负担,更有可能对社会稳定产生危害,而且多数纠纷都是因当事人一方或双方违反了法律、政策和道德规范而造成的。因此,在纠纷当事人申请或主动表示出愿意调解的愿望时,调解组织应尽职尽责,及时为当事人提供调解服务,尽快化解矛盾。在纠纷当事人未申请调解或者未主动表示愿意接受调解时,调解组织也应本着对当事人和社会负责的态度,主动向当事人进行有关法律、政策和社会公德的宣传教育,说服当事人转变认识,统一思想,解决矛盾,防止因纠纷久拖不决而造成不良后果。

(四)便民利民原则

便民利民原则是指人民调解委员会的设置,纠纷的调解预防,都必须以尽量方便群众,服务于群众为目的。便民利民原则是我国人民调解制度的重大特色。第一,人民调解组织设置的广泛性。从人民调解组织的设置来看,人民调解委员会已从 50 年代建在乡镇街道逐步发展到目前普遍以村民委员会和居民委员会为单位,还从城乡居民区发展到企业事业单位。"调解小组""十户调解员""楼院调解员"有了广泛发展。调解组织的设立是非常广泛和密集的,且调解场所的设立也是非常灵活的。这样设立的方式比起其他解决纠纷方式更为贴近群众,便于群众行使调解权。第二,人民调解组织调解纠纷的效率性。人民调解处理纠纷的形式灵活、便捷,方法多样,程序期间根据具体情况可长可短，对于证据的交换，法律文书的式样、送达、调解地点、阶段和顺序等具有很大的灵活性。这些都使得人民调解极具效率性，方便于民，及时消除当事人之间的隔阂。第三，人民调解组织调解民间纠纷的经济性，《人民调解法》第 4 条规定："人民调解委员会调解民间纠纷，不收取任何费用。"比起诉讼、仲裁等纠纷解决方式，人民调解解决纠纷的"零成本"是其绝对优势。

第三章　调解主体

调解主体是指在调解过程中起组织、指挥作用的组织。目前，在我国，由人民调解、法院调解、行政调解和仲裁调解为主构成的一个完整的调解体系已经逐步形成。调解组织呈现出多元化的现象，调解机制已逐步形成，它不仅包括具有国家属性的调解组织（如人民法院和行政机关），还包括了具有非国家属性的民间主体（如民商事仲裁机构、群众自治组织、行业组织和人民团体）。

一、人民法院

法院是我国构建多元化纠纷解决机制中必不可缺的主体。在当事人自愿的基础上，在中立的调解人身份的法官的主持下，当事人互谅互让，达成协议，一直是我国解决民间纠纷的主要途径，此种途径通常被称为法院调解或诉讼调解。

长期以来，在民事诉讼中，诉讼调解被极为重视和倡导，司法实践中，大部分民事案件是以调解方式结案。诉讼调解在本质上仍然是属于法院依司法权而进行的审判行为。虽然诉讼调解要尊重当事人的自愿，但是有关诉讼调解的具体规定都由民事诉讼法规定，诉讼调解仍然要遵循民事诉讼的原则，比如，诉讼调解仍然要以法律为准绳，以事实为根据，仍要遵循公平公正的原则。另外，虽然在诉讼调解的过程中当事人享有程序上和实体上的处分权，但是在我国现实司法实践中，诉讼调解仍然是主要以法院为主导的诉讼行为，法官对诉讼调解进程的影响仍然较大，而且进行调解的结果是法律的适用，所以，诉讼调解在本质上仍然是法院主导的司法行为，其调解主体毫无疑问应当是人民法院。

近几年，司法实践中正进行着诉讼调解和非诉讼调解衔接解决民事纠纷的司法实践，出现了委托调解、协助调解和立案调解等新型调解模式，这些新的调解模式对传统的诉讼调解的主体提出了新的问题。因此，有必要对委托调解、协助调解和立案调解等新型调解模式的调解主体问题进行有益的探讨与研究。

（一）委托调解的调解主体应当是接受委托的主体

委托调解是指人民法院对起诉到法院的民事案件，在征得当事人的同意后，委托人民调解委员会等组织或个人进行调解。委托调解是我国法院努力构建多元化纠纷解决机制的结果，是法院借助社会力量调处民事纠纷的新举措。

2004 年 9 月，最高法院颁布的《关于人民法院民事调解工作若干问题的规定》对法院委托调解进行了规定："经各方当事人同意，人民法院可以委托与当事人有特定关系或者与案件有一定联系的企事业单位、社会团体或者其他组织和具有专门知识、特定社会经验、与当事人有特定关系并有利于促成调解的个人对案件进行调解，达成调解协议后，人民法院应当依法予以确认。"这为法院进行委托调解、应对案件压力、实现案件在诉讼前分流提供了法律依据。

从目前的司法实践来看，委托调解的主要模式有诉前委托调解和诉中委托调解。

诉前委托调解又称诉前调解，即在立案阶段，法院认为该案件适合由非诉纠纷解决机制调解解决的，经过当事人（诉讼中的原告）同意暂缓立案，法院委托人民调解组织、消费者保护协会等其他非诉调解组织进行先行调解，如果调解不成的，则由法院按诉讼程序立案审理，案件进入司法程序的一种委托调解模式。

对于诉前委托调解的性质，虽然是通过法院将纠纷委托给非诉的调解机制，但是从本质上讲，进行调解的主体是法院以外的接受委托的组织。

诉中委托调解，其与诉前委托调解的区别在于委托的时间。诉中委托调解是指案件立案以后、结案以前对适合由非诉纠纷解决机制调解解决的，经案件的原被告双方同意，将案件委托给诉讼外的调解组织进行调解。调解达成以后，由法院制作调解书，或者原被告双方自动履行协议，进行撤诉处理。

对于诉中委托调解，在司法实践当中具体表现为立案后立即委托调解、开庭前委托调解、审理中委托调解等几种具体的委托方式，即委托调解贯穿于民事诉讼的全过程。

对于诉中委托调解，其进行调解的机构仍然是法院以外的调解组织，其适用的调解规则和调解依据仍然与非诉调解相同，虽然，比之于诉前调解，法院参与度较深，但是法院只是负责对调解协议的合法性审查，如果当事人达成协议撤诉，其本质上仍然属于非诉调解的范围，其调解主体还是法院以外的调解组织。

对于委托调解所委托的机构，在司法实践中主要有两类。第一类是设立在法院办公场所内部的调解组织，称为法院附设的调解组织，如法院附设人民调解窗口，属于人民调解组织的派出机构。第二类是设立在法院以外的调解组织。两类调解组织的区别仅仅在于距离上与法院的远近，但是从本质上讲，进行调解的主体是法院以外的调解组织。

（二）协助调解的调解主体是人民法院

协助调解是人民法院引入社会力量参与调解的试点，是指法院在审理案件的过程中，为了更好地做当事人的工作，促成当事人进行调解，邀请诉讼外的调解人参与诉讼调解，由调解人帮助法官做当事人的工作，以促进纠纷的调解解决方式。比如，在司法实务中，涉及妇女权益案件时，邀请当地妇联予以协助；调解劳动争议案件时，法院邀请工会给予协助；等等。

我国《民事诉讼法》第 87 条有明确规定："人民法院进行调解，可以邀请有关单位和个人协助。被邀请的单位和个人，应当协助人民法院进行调解。"长期以来，法院很少适用此条规定，在构建和谐社会和"大调解"体系的构建背景下，法院才开始逐渐重视诉讼调解的社会力量引入。对此，2004 年，最高人民法院《调解规定》第 3 条第 1 款在完善协助调解时，将《民事诉讼法》中所规定的"有关单位"界定为"与当事人有特定关系或者与案件有一定联系的企业事业单位、社会团体或者其他组织"，而将"有关个人"界定为"具有专门知识、特定社会经验、与当事人有特定关系并有利于促成调解的个人"。2007 年 4 月，最高人民法院发布的《关于进一步发挥诉讼调解在构建社会主义和谐社会中积极作用的若干意见》又强调建立和完善引入社会力量进行调解的工作机制。

协助调解是法院在审理案件、调解案件的过程当中邀请案外的调解人参与调解，其前提是法院进行案件审理和调解，而且法院对调解程序的启动、发展、结束，以及调解协议的形成、审查及最后调解文书的拟定等起着主导和负责的地位，案外调解人进行协助具有被动性，案外调解人参与诉讼调解的前提是法官的邀请，无此邀请，案外调解人不会主动参与调解。法院的调解主体地位不容置疑。其次，案外调解人参与调解只是起到帮助、辅助作用。案外的调解人参与案件的调解，其目的和作用是帮助法院进行案件的调解。虽然在调解的过程中法院邀请了诉讼外的调解人参与调解，但是这不影响协助调解作为诉讼调解的性质。因此协助调解在本质上是属于诉讼调解。协助调解的调解主体是人民法院。

(三)立案调解的调解主体也是人民法院

在司法实践中，少数法院还进行了立案调解的实践。即在案件审查立案之后、移送业务庭之前主持各方当事人进行诉讼调解。调解成功的，由调解法官出具调解书；调解不成功的，由调解法官记录案件主要事实等内容，然后将该记录随卷移送审判庭，为审判庭继续审理案件提供参考。

立案调解针对的案件主要是法律事实清楚、案件争议不大的案件，进行调解的前提是征得双方当事人同意调解的意思表示。立案调解所依据的是"将调解工作贯穿于民事审判工作的全过程，特别要从案件的源头上抓调解"的指导思想，重视发挥调解的纠纷解决功能。立案调解与诉前调解不同，仍属于诉讼调解模式，只是将调解的时机前移，立案之后就立即进行调解。因此，立案调解的调解主体也是人民法院。

二、行政调解的调解主体——行政机关及法律法规授权的组织

行政调解是指在诉讼之外，在当事人自愿的原则下，行政主体依照法律和政策的规定对公民、法人或其他组织之间发生的民事争议、部分行政争议与部分刑事争议进

行排解疏导，从而解决纠纷的一种活动。行政调解是为了适应社会管理的需要，解决在公共行政过程中遇到的纠纷，维护社会的稳定，利用行政资源通过调解的方式，参与社会纠纷的解决。行政主体在行政调解中充当的是中间人、调解人的角色，不具有行政强制性，纠纷的解决更主要靠当事人的合意。

目前我国的行政调解组织分布在基层人民政府、主管行政机关和法律、法规授权的组织中，这种设置方式是结合行政权力和地域管理的混合模式。这种设置方式使行政调解的主体不仅包括行政机关，还扩展到了其他行政主体。

(一)行政机关

我国现行法中，行政调解的渊源主要体现有：1990 年颁布的《民间纠纷调解办法》赋予了乡镇人民政府对各类民间纠纷的调解权，此外，国家还通过法律、行政法规赋予地方人民政府和有关部门对行政工作中涉及的民事纠纷进行调解。在实践中，行政调解的具体类型多种多样，主要包括治安调解、交通事故损害赔偿调解、环境纠纷调解、城市房屋拆迁纠纷调解、土地承包经营纠纷调解、消费者权益争议调解、离婚调解、劳动争议调解、合同纠纷调解、电力争议调解、医疗事故争议调解等等。比如《中华人民共和国治安管理处罚法》第 9 条规定："对于因民间纠纷引起的打架斗殴或者损毁他人财物等违反治安管理行为，情节较轻的，公安机关可以调解处理。经公安机关调解，当事人达成协议的，不予处罚。经调解未达成协议或者达成协议后不履行的，公安机关应当依照本法的规定对违反治安管理行为人给予处罚，并告知当事人可以就民事争议依法向人民法院提起民事诉讼。"

我国的行政调解主要有基层人民政府、各级公安机关、工商行政管理机关、卫生行政管理部门等等。

(二)法律、法规授权的组织

在我国，由法律、法规授权主持行政调解的组织主要有两类：一类是法律、法规授权的行政机关的内部机构、派出机构及临时机构。这类调解比较常见的有商标评审委员会对商标权属纠纷的调解，公安派出所对治安案件的调解等。另一类是法律、法规授权的企事业单位、社会团体、行业协会、基层群众性自治组织等其他社会公共组织。如《中华人民共和国消费者权益保护法》第 34 条规定："消费者和经营者发生消费者权益争议的，可以通过下列途径解决：……请求消费者协会调解。"而消费者协会就是一个典型的由《中华人民共和国消费者权益保护法》授权进行社会监督的调解主体。除此之外，律师协会也经《中华人民共和国律师法》授权受理对律师的投诉或者举报，调解律师执业活动中发生的纠纷，受理律师的申诉。

而我国劳动争议案件调解主体具有不同的特点。《劳动争议调解仲裁法》规定：劳动争议的调解不仅包括企业劳动争议调解委员会、基层人民调解组织进行的调解，还包括劳动仲裁委员会进行的调解。前者的调解主体当属于民间调解机构如人民调解的性质，而后者的调解主体应为劳动争议仲裁委员会。从《劳动争议调解仲裁法》第42条①可以看出，劳动争议仲裁委员会根据法律的授权成为行政主体，具有了行政仲裁和行政调解的双重职能，可依法受理劳动争议案件，通过调解或仲裁劳动争议。劳动争议的调解既可以通过民间调解机构进行调解，也可以通过劳动争议仲裁委员会进行调解，因此，劳动争议的调解主体可能是民间调解机构，也可能是受授权的行政主体。

三、人民调解的调解主体

人民调解是人民群众自我教育、自我管理、自我服务的一项制度，这一属性及定位是人民调解工作赖以存在的基础，也是长期以来人民调解工作保持强大生命力、深受群众欢迎的根本原因。

根据我国《人民调解法》的规定，“人民调解委员会是依法设立的调解民间纠纷的群众性组织”。《人民调解法》明确规定：“村民委员会、居民委员会设立人民调解委员会。企业事业单位根据需要设立人民调解委员会。”（第8条）“乡镇、街道以及社会团体或者其他组织根据需要可以参照本法有关规定设立人民调解委员会，调解民间纠纷。”（第34条）根据有关法律文件的规定，以及人民调解的社会实践，可以将人民调解组织具体细分为如下四种调解主体：

（一）村、居（社区）人民调解委员会

村、居（社区）人民调解委员会贴近群众，基础广泛，数量庞大，是人民调解组织的基本形式，是人民调解的主体和基础。目前全国建立村民调解委员会72万余个、居民调解委员会9万余个②，这一层次的人民调解委员会已基本遍布全国城乡。

（二）乡镇、街道人民调解委员会

随着社会主义市场经济的发展，复合性的民间纠纷，涉及多主体的民间纠纷，跨地区、跨单位的民间纠纷日益突出，单纯依靠某一个村、居（社区）人民调解委员会进行调解往往困难重重。为解决上述问题，司法部2002年9月颁布的《人民调解工作若干规定》规定：建立乡镇、街道人民调解委员会，以调解村、居（社区）人民调解委员会调解不了的或者涉及两个以上村、居（社区）人民调解委员会的民间纠纷。目前全国82.4万个人民调解组织中，村（居）人民调解委员会67.4万个，企（事）业单位人民调解委员会7.9万个，乡镇（街道）人民调解委员会4.2万个。行业性、专业性调解委员会2.9万个。它们在制止群众性械斗和群众性上访，防止矛盾纠纷激化，维护社会稳定方面发挥了人民调解组织应有的作用。

---

① 《劳动争议调解仲裁法》第42条规定：“仲裁庭在作出裁决前，应当先进行调解。劳动争议仲裁委员会由劳动行政部门代表、工会代表和企业方面代表组成，其工作受劳动行政部门的指导。”

② http://gb.cri.cn/27824/2010/09/06/2625s2981717.htm

(三)企业、事业单位人民调解委员会

在企业事业单位之中，人民调解委员会的设置没有统一的形式，在设置的原则和精神上参照前两种形式，这种人民调解委员会可以简称为单位调解委员会。企业的人民调解委员会一般隶属企业党组织或工会，有条件的还可以设置调解办公室或负责调解工作的专职人员。我国厂矿企业调解委员会有10万余个，这些人民调解组织在保障企业改革的进行、维护职工的合法利益、化解职工在生产生活中的各种矛盾纠纷、解决企业与周边地区群众之间的矛盾纠纷中发挥了重要作用。

(四)区域性、行业性人民调解委员会

区域性人民调解委员会是指在特定的行政区域、特定的生产、生活地区等建立的人民调解组织。目前，已建立的区域性调解组织形式主要有行政接边地区、厂街接边地区建立的联合人民调解委员会，集贸市场、经济开发区、商品集散地、工程工地、流动人口聚集地区人民调解委员会等等。行业性人民调解委员会是指行业、社团组织建立的人民调解委员会，如依托工会、妇联、共青团、残疾人联合会、贸促会、商会、物业管理协会等建立的房产行业人民调解委员会、物业纠纷调解委员会等行业性人民调解组织。区域性、行业性人民调解委员会是人民调解组织向社会自律性组织发展的有效形式之一，对发展和完善市场经济条件下的人民调解工作具有积极的意义。

四、仲裁调解的调解主体

仲裁调解的主体是仲裁委员会。仲裁委员会是独立、公正、高效地解决平等主体的公民、法人和其他组织之间发生的合同纠纷和其他财产权益纠纷的常设仲裁机构。我国《仲裁法》第51条规定："仲裁庭在作出裁决前，可以先行调解。当事人自愿调解的，仲裁庭应当调解。调解不成的，应当及时作出裁决。调解达成协议的，仲裁庭应当制作调解书或者根据协议的结果制作裁决书。调解书与裁决书具有同等法律效力。"

仲裁委员会独立于行政机关，与行政机关没有隶属关系。目前，我国的仲裁委员会分为国内仲裁委员会和涉外仲裁委员会。国内仲裁委员会由仲裁机构所在的市人民政府组织有关部门和商会统一组建，一般在直辖市、省、自治区人民政府所在地的市设立，也可以根据需要在其他设区的市设立，不按行政区划层层设立。《仲裁法》第10条规定："仲裁委员会可以在直辖市和省、自治区人民政府所在地的市设立，也可以根据需要在其他设区的市设立，不按行政区划层层设立。仲裁委员会由前款规定的市的人民政府组织有关部门和商会统一组建。设立仲裁委员会，应当经省、自治区、直辖市的司法行政部门登记。"同时，考虑到我国仲裁发展的实际情况以及处理涉外纠纷的实际需要，仍然保留相对独立的涉外仲裁委员会，与国内仲裁机构由设立市的人民政府牵头组织设立不同，《仲裁法》规定，涉外仲裁委员会可以由中国国际商会组织设立。

《仲裁法》第65条规定:"涉外经济贸易、运输和海事中发生的纠纷的仲裁,适用本章规定。本章没有规定的,适用本法其他有关规定。"第66条规定:"涉外仲裁委员会可以由中国国际商会组织设立。我国现有的隶属于中国国际商会的涉外仲裁委员会有中国国际经济贸易仲裁委员会和海事仲裁委员会。"

因此,我国仲裁调解主体应当为仲裁委员会、中国国际经济贸易仲裁委员会和海事仲裁委员会。

五、社会调解的调解主体

在经济和社会领域发生深刻变化的同时,矛盾发生的根源和表现形式也在发生变化,并日趋复杂。在此背景下,由少数部门垄断处理各类纠纷,不仅工作负担过重,而且处理的效果也难以保证,往往还会出现此消彼长的困境,而建立专业化处理各类矛盾纠纷的机构和机制,恰能解决由此产生的问题。"社会调解"之概念亦因此而被提出。

所谓社会调解是企事业单位、行业协会、社会团体建立调解机构,充分发挥这些组织的专业优势、地缘优势等,弥补人民调解的不足,比如2009年2月组建的天津市医疗纠纷人民调解委员会,天津市医调委接受天津市司法局的业务指导,是独立于卫生行政部门、保险机构和医患双方之外的第三方人民调解组织。再如,上海长宁区人民调解组织在三级调解网络的基础上还设有行业调委会、市场调委会、物业调委会、企事业调委会等专门的调解委员会。当然也包括目前如日中天的各种电视调解。

社会调解的主体呈多元化、复杂化的状况,主要有企事业单位、行业组织和社会团体。

社会调解是多元化纠纷解决体系不可或缺的组成部分。然而,我国的社会调解缺乏明确具体的法律规范,在实际运行中出现的问题也不少,其中,电视调解的合法性问题表现得最为突出和尖锐。

电视调解是以大众传播平台的过程作为载体来参与社会矛盾冲突解决的调解渠道,据数据显示,2011年上半年我国71座城市共有38个频道播出了调解类节目①。从电视调解节目的内容来看,可以划分为两类,一类是"模拟"类的演播室调解节目。"模拟"类的调解节目是仿照真实调解的原有面貌,以主持人或者演员来扮演当事人、调解员和评论员等角色,依据案件素材模拟重现调解过程及场景,其内容大多涉及私人情感、婚姻、隐私等家庭问题。由于案件情节侧重故事性、调解语言的艺术扩张性、调解主体和调解协议的非真实性,依笔者之见,属于电视娱乐类节目,因此,不属于笔者观察和评价之列。

---

① 陶许娟、程芸:《调解类真人秀谈话节目探析——以"金牌调解"为个案》,《新闻世界》2012(7)。

笔者观察和评论的主要是另一类诸如杭州电视台《杭州老大哥》、上海电视台的《新老娘舅》等“和事佬”模式的真实调解节目，这类调解节目往往是针对真实的当事人，围绕真实的民间纠纷，由各方面的调解人真实主持调解，切实地解决当事人的财产、情感、邻里等纠纷。从学术的角度来讲，至今还未有人对其领域范围进行深度的定义。一般意义上，国内很多研究者均将“和事佬”式的电视调解节目理解为人民调解的外衍形式，是以媒介为桥梁的法律诉讼之外的调解手段。①

这类调解节目具有三大特点：

第一，不同于“模拟”类的调解节目，这类节目的案件是真实的，当事人是真实的，调解员是真实的，是从民间选拔出来的，有的是政府的基层工作人员、教师、社会工作者，甚至是人民法院的审判员。例如，退休职工许桂荣是河南电视台 8 频道《DV 观察》栏目的调解员，自“上任”至今，许桂荣调解的成功率高达 90%。

第二，“和事佬”类节目的调解过程，紧扣信息的时效性，在第一时间内就能解决问题。观众饶有兴趣，如有亲临调解现场的感觉。

第三，“和事佬”的调解节目由于采用了现场调解过程的跟踪拍摄和同步播放，体现了调解信息的透明化。

当然，对“和事佬”类的电视调解节目也有诸多的争议②，在此不再一一表述，笔者主要想讨论的是电视调解节目的主体是否具备适格，通过电视调解节目达成的调解协议是否具有法律效力。

目前，多数调解节目包括大家耳熟能详的《老娘舅》《金牌调解》《爱心调解》等所属

---

① 人民调解本来就是一种化解社会矛盾的有效途径，而且电视调解适应了传媒时代呼唤新的形式来化解社会矛盾的需求。加上政府的管理机制和管理方式具有稳定性，社会矛盾解决需要电视调解更为灵活的方式来承担社会职能。电视调解还能把人民调解方式与大众传媒有效结合起来，有理的一方希望通过大众传媒得到支持，理亏的一方在传媒面前会有所顾忌，从社会心理的角来说，人与人有暗示、感染，有利于群里心理向正常方向转化。引自：《柏万青现象：电视调解何以走红——“调解：化解社会矛盾的有效途径”学术研讨会综述》载《探索与争鸣》2010 年 12 期。

② 目前对于电视调解节目的争议主要有：第一，地域化局限性过于明显，节目的调解地域范围往往局限于省内或市级地区之内，节目的区域化就导致了受众群体的小众化，很难挖掘新的受众群体。第二，隐私性、煽情性的信息过度泛滥。这类节目把调解的全过程呈现给观众，实现了信息的公开化。在处理一些矛盾问题欲盖弥彰的事件中，或是在当事人情绪过于激动的情况下，一些打闹、辱骂、暴力、煽情的画面充斥着调解的全过程；当事人与调解员的谈话内容甚至涉及了夫妻间的性生活、不堪入耳的言语。从这点来看，“和事佬”类的调解模式要想彻底地杜绝低俗和煽情的信息是难上加难。第三，媒介越界行为。媒介在调解手段的运用中，不能够脱离法律的界限并凌驾于其他社会机构的调解手段之上。例如有节目涉及婚姻问题难以调和的境地，调解员会私自提倡夫妻双方达成离婚愿望的一致性，并签订书面的离婚协议。从这点来看，完全背离了法律原则。第四，调解手段过于单一。在此类节目中，调解的全过程往往由一位调解员单独完成，受限于调解员自身的主观认识和职业水平。在对当事人劝说无力的情况之下，过于仓促的建议往往缺乏权威性、严肃性，加之调解员缺乏调解经验，甚至社会阅历亦显不足，其调解建议往往略显单薄，缺乏相对权威性和比较严谨的评判机制，调解的结果很难达到使当事人满意的效果。

的电视台并没有按照法律的规定设立人民调解委员会。此类调解节目的主体呈无序状态，应当予以纠正和规范。

当然，自从《人民调解法》颁布和实施以后，有关部门也注意到了电视节目的合法性问题，并且也在合法、规范方面进行有益的尝试。2011 年 3 月 2 日，北京电视台的《第三调解室》正式开播，它成为最早宣称"调解协议具有法律效力"的电视调解栏目，随后江西卫视的《金牌调解》推出，该节目有江西省司法厅批准成立的人民调解委员会，到节目最后，争议双方达成的调解协议，右下角盖着江西电视台卫星频道人民调解委员会的红印章。这些有益的尝试改变了电视调解节目的一般形式，淡化娱乐色彩，增强了法律效果。但是，客观地说，这些尝试仍然没有彻底解决电视调解节目的合法化问题。

首先，我国的调解主体包括人民法院、行政机关在内的国家机关，以及人民调解委员会等合法的调解组织。根据《广播电台管理条例》规定，广播电台、电视台是通过采编、制作，并通过有线或无线的方式播放广播电视节目的机构。因此广播电台、电视台不具有调解主体资格。

其次，诸如北京电视台的《第三调解室》、江西电视台卫星频道等设立了人民调解委员会，并以调解委员会的名义进行调解。但是，细细研究，我们发现其设立的法律依据是《中华人民共和国人民调解法》中"企事业单位如有调解需要，需设立人民调解委员会"的规定，据此，电视台的确可以根据需要设立人民调解委员会。殊不知，企事业内部设立人民调解委员会的立法初衷是解决企事业单位的内部纠纷，言下之意，电视台所设立的人民调解委员会，可以调解电视台内部员工的民间纠纷，但是，实际上，从目前电视调解节目的内容来看，早已超越了电视台内部纠纷范围，难免有越权之嫌。

电视调解节目要解决调解主体合法化问题必须依托合法调解组织（或者电视台所在地的人民调解委员会或者是当事人住所地的人民调解委员会），可以采用委托调解方式，即由相关合法的调解组织委托电视节目的主持人或者嘉宾担任，委托调解的法律依据是《人民调解法》第 20 条："人民调解员根据调解纠纷的需要，在征得当事人的同意后，可以邀请当事人的亲属、邻里、同事等参与调解，也可以邀请具有专门知识、特定经验的人员或者有关社会组织的人员参与调解。"或者可以是借助式的解决方法，即相关调解组织借助电视传播媒体，利用电视台的演播室作为调解场所，调解员是调解组织的调解员，当事人是真实的，电视节目主持人不实际参与调解，简单地说，就是调解组织将调解现场搬移到电视台的演播大厅。

第四章　调解员及其职业素养

调解员指在各类调解组织中，具体担负调解民间纠纷的工作人员，调解员作为调解的主持人，发挥着重要的作用。调解员职业道德的好坏、责任心的强弱、专业水平的高低，直接决定着调解过程是否能顺利进行，影响着双方当事人对待调解的态度和行为，以及调解最后的成功。随着我国社会经济的进一步发展，社会关系和利益追求日趋多元化，共同的价值基础不断被削弱，都给民事调解带来了许多困难，同时也对调解员的职业素养、角色定位和调解能力的运用提出了更高的要求。

一、调解员

依照我国目前调解工作的类型，我国的调解员队伍十分庞大，具体包括了法院诉讼调解员、行政调解的调解员、人民调解的调解员和仲裁调解的调解员。这支调解员队伍对止纷解忧，稳定社会起到非常重要的积极作用，其中也涌现了像宋鱼水、柏万青这样的调解能手，有着良好的社会声誉和社会影响力。但是，不可否认，目前我国调解员队伍还是存在不少需要解决的问题。问题之一是调解员的专业化程度不足，文化程度和法律素养参差不齐，尤其是人民调解员队伍中兼职调解员比例较大，精力有限，大都由退休职工或年长的村民、居民担任，文化程度偏低，法律政策和业务水平欠缺，不能适应当前新形势下调解工作的需要；问题之二是调解工作的工作方式、方法相对落后，调解员习惯于侧重思想教育和道德感化，其主要的工作方式仍然停留于说教和情感影响上，往往凭借资格、威望甚至权力进行调解，忽视当事人心理动态，调解技能的运用和调解心理的把握相对缺乏；问题之三是调解员的入职条件缺乏统一标准和要求，特别是对调解员资格的规定，过于笼统，并未真正依据不同调解的性质和特点进行资格的分类规定，在实践中，往往难以发挥调解的应有功效和价值。在法院调解、行政调解、仲裁调解和人民调解制度中，唯有《人民调解法》对人民调解员的资格有所规定[①]，但是，从《人民调解法》的规定内容来看，人民调解员的入职条件还是过于宽泛，

---

① 《人民调解法》第 14 条规定："人民调解员应当由公道正派、热心人民调解工作，并具有一定文化水平、政策水平和法律知识的成年公民担任。"

门槛过低。而我国《民事诉讼法》和《行政程序法》等法律法规对法院调解员和行政调解员的入职资格和业务能力均没有专门和具体的规定，在实践中，往往是法院审判人员和行政机关的公务人员即可从事诉讼调解工作和行政调解工作。目前，从我国对审判人员和行政公务员的要求来看，过多地集中于政治素养和专业素质方面，而对从事调解的审判员和公务人员没有专门的要求，比如调解心理和调解技能等。在实践中，优秀的审判人员、优秀的公务员不等于优秀的调解员的例子数不胜数，其原因就在于此。

(一)诉讼调解的调解员

依照我国《民事诉讼法》规定，我国法院调解制度贯穿于民事审判程序的全过程。我国诉讼调解普遍实行“调审合一”，因此，诉讼案件的调解员往往是由负责处理该案的审判人员担任。

审判人员在调解中居于主导地位，对调解进行指挥、主持、监督，这也是审判人员审判权的体现，根据我国民诉法的相关规定，审判人员在调解中处于重要地位。但是我国的《民事诉讼法》《法官法》以及在诉讼调解中具有重要指导意义的《调解规定》均没有对诉讼调解的调解员资格、产生办法进行专门的规定，对当事人是否有选择诉讼调解的调解员等调解程序也没有具体规定。

从我国《人民调解法》对人民调解员的基本要求来看，人民调解员准入门槛相对是比较低的。而从《法官法》对法官的具体要求来看，法官的准入门槛明显是高过人民调解员的要求，因此，诉讼调解中由审判人员担任调解员，从任职资格来看，没有任何问题。

在我国民事诉讼调解中，审判人员具有双重身份，一方面是调解员，向当事人传递有关的法律信息，消除双方的分歧，另一方面审判人员又是诉讼指挥者和案件裁判者，且在诉讼过程中，两种角色没有进行必要的区分，而是同时存在，交叉进行，这必然将影响诉讼程序的有效进行。因为在与当事人形成的诉讼法律关系中，法官居于主导地位，即使当事人不愿意调解，也往往碍于法官的面子而接受调解，主要的问题在于调解人的产生是否能够体现当事人的要求和意愿。诉讼调解的本质特征是双方当事人自由合意，调解程序的启动和调解协议的内容完全取决于当事人的合意。以法官主导调解为主的诉讼调解模式，极其容易异化和影响以自愿为本质特征的调解程序，从这点来看，诉讼调解的调解员专业化和专职化还是有一定价值和必要的。

(二)行政调解的调解员

目前，我国行政法律法规仅仅规定了具体行政机关从事行政调解的职能，相关的法律法规一般采取行政权力和地域管理相配置的模式，仅仅笼统规定了某个部门行使调解权，没有进一步对管辖机关、业务人员做出进一步细化规定，特别是对行政调解中的调解员的资格、职权、产生办法等没有具体的规定。

从现代纠纷的专业性方面来看，行政调解民事纠纷中有相当一部分涉及特定的专业知识，解决这些纠纷的过程除了需要具备较高的法律知识外，更要求参与解决纠纷的第三方精通相关专业领域的知识，而行政机关本身就是负责相关领域监管的，因此，对于涉及专业性知识的民事纠纷，行政机关从事此类纠纷的行政调解，具有其专业知识的优势。

但是，与管理职能相比，行政主体的调解职能属于行政主体的附带职能，行政主体多数不设专门机构，没有配备专门人员负责调解工作。由于行政主体没有专门的调解人员，而调解技能的专业培训工作也往往没有得到足够的重视，因此，行政调解的调解员的素质参差不齐，调解的专业性和独立性明显不强，而且往往缺乏必要的人员培训。

目前，已有行政机关开始注意并且重视行政调解员队伍建设，比如北京市西城区公安局、天津市北辰区公安局等成立了专门的治安调解中心和调解室，由若干具有专门的法律知识和丰富调解经验的警察担任专职的调解员。因此，各级政府部门为提高行政调解运作的效率和公信力，有必要在各行政系统设置专门的行政调解机构，配备专门的行政调解人员，努力推进行政调解向专门化、职业化的方向发展。

（三）人民调解的调解员

人民调解员是指在人民调解委员会从事人民调解工作的工作人员，是经群众推选产生或者接受聘任，在人民调解委员会领导下，从事人民调解工作的人员。人民调解员包括人民调解委员会委员和人民调解委员会聘任的人员。

1. 人民调解委员会委员

基层人民调解委员会委员既是人民调解委员会的组成成员，同时也是调解员。人民调解委员会委员是由村民、居民或职工通过代表会议的形式推选产生的。《人民调解法》第 9 条规定："村民委员会、居民委员会的人民调解委员会委员由村民会议或者村民代表会议、居民会议推选产生；企业事业单位设立的人民调解委员会委员由职工大会、职工代表大会或者工会组织推选产生。人民调解委员会委员每届任期三年，可以连选连任。"

2. 人民调解委员会聘任的人民调解员

实践中，人民调解委员会聘任人民调解员有以下方式：一是村民调解委员会、居民调解委员会、企事业单位调解委员会在村（居）民小组、企业车间班组聘任人民调解员，如十户调解员、楼院调解员、车间班组调解员等；二是乡镇（街道）人民调解委员会根据调解员组成情况和矛盾纠纷的特点，聘任有较高文化水平，较强政策法律水平，较丰富的专业知识和调解技巧的人员担任人民调解员；三是专业化、行业化的人民调解委员会根据专业和行业特点聘任有专业知识、专业技能的专家担任人民调解员。

二、调解员的专业素养

我国正处在社会转型期，也是社会矛盾纠纷凸显期，对于已经发生的社会矛盾，如不能得到及时疏导，有可能造成影响社会和谐稳定。因此，调解员队伍的素质直接影响着调解工作的质量和效果。

（一）知识素质

1. 法律法规政策的素质

即调解员的法律知识以及对法律法规政策的理解适用能力。化解矛盾纠纷必须依据国家法律、法规、现行政策、道德和公序良俗等进行，这就要求调解员具备一定的法律法规和政策的素质，积极运用程序法、实体法和政策来化解矛盾纠纷，做到心中有法，手中有据，站立在一个公平、合理的角度上，合情、合理、合法地处理矛盾纠纷。

2. 综合素质

新时期民间矛盾纠纷凸显多样性、复杂性，调解员要有一定的法律法规知识，积极补充与生活相关的各方面的科学知识，才能应对挑战。同时调解员要能够掌握和运用心理学、教育学、伦理学、社会学及语言逻辑学等方面的知识，并能在调解工作中熟练地运用。人与人交往的过程是人的心理活动相互作用的过程，人与人之间的矛盾背后有大量的心理因素在起作用。从这个意义上说，调解的过程实际既是事实澄清、矛盾化解的过程，也是当事人的认识、情绪、态度等一系列心理活动发生转变的过程。如果不了解当事人的心理，一味地就事论事，往往难以发现导致矛盾的内在症结，也难以从根本上解决问题。

（二）能力素质

1. 语言表达能力

调解员往往是通过口头交流的方式在当事人之间了解情况、传递信息、劝解斡旋。语言得体、表达清楚，这是对调解员的语言表达能力的要求。语言表达的技巧，也往往是成功调解的关键。有时需要有的放矢、一针见血；有时需要模棱两可、点到为止；有时需要手剥笋壳、循序渐进。

2. 洞察辨析能力

在调解中，调解员的洞察辨析能力非常重要，是调解成功的基石。“洞察”就是要留心关注当事人的表情、态度、行为、言辞等各种表现，包括肢体语言和口头语言；“辨析”就是要仔细缜密地分辨剖析其表现形式下内在的、真实的情感和思想，用心感受、体察当事人的心理，抓住特点，分析本质。既明察秋毫，对当事人细微的表现了然于胸，又认真关注当事人的倾诉，同时进行细致入微的条分缕析，找到解决纠纷的切入点，按照调解的规律，由点到面、由表及里，综合运用对比、归类等方法，适时归纳当事人的争议焦点，了解和掌握当事人思想动态、调解需求及调解目的，以便于有针对性地开展调解工作。

3. 沟通疏导能力

实际上就是调和理解与被理解的关系，让当事人进行换位思考，和谈交流，疏通当事人思想，引导并促使双方反思己过，体谅人非，从而以友好协商的方式解决纷争的能力。调解员应当依据事实和法律，真诚与当事人进行沟通，仔细倾听当事人的诉求与愿望，帮助当事人客观地对待、审视纠纷，疏导、化解当事人之间因纠纷产生的隔阂和对立的情绪，及时掌握当事人的心理变化，引导当事人的思维从激情、亢奋向理性、冷静回归，分析纠纷的症结所在和双方当事人的利益所在，提出可供讨论的解决方案促成矛盾的解决。

4. 营造、控制能力

创造和谐气氛，促使当事人坦诚相对。关起门来说话，气氛更融洽，交流更坦诚。一旦敞开大门，人们就不得不戴上面具，打起官腔，气氛自然变得凝重，心灵的大门也随之关闭。能够在各种错综复杂的情况下，善于排解各种干扰、控制局势，把握主要矛盾，不为一时一事的得失所困惑，能统筹全局，驾驭全局，从中找出处理问题的最佳方案。调解员既要让当事人充分表达自己对案件的感受，又要保证交流的气氛是积极的、流畅的。在调解过程中尤其是最初阶段，调解员不宜轻易打断当事人之间的激烈争辩，情绪的释放对于接下来的调解程序的顺利进行是有好处的。在调解过程中会遇到很多意想不到的难题和波折，当事人大发雷霆、大吵大闹、出言不逊或当事双方剑拔弩张、一触即发的时候，调解员必须做到始终心平气和，以静制动，才能控制住局面。调解员要善于审视调解条件的成熟程度，权衡时机，找准调解切入点；善于排除干扰，把准调解发展的脉搏，使其向有利于调解的方向发展。

(三)良好的心理素质

每一种职业对从业者的心理素质都会提出一些具有职业特性的要求。调解员作为专职的矛盾纠纷调解者，面临着纷繁复杂的社会纠纷，面对形形色色不同个性的当事人，工作环境的复杂性对调解员的心理素质提出了较高的要求。

1. 耐心和热心

要在掌握“情、理、法”的基础上，坐得住，听得进。要有耐心、有耐性，倾听当事人的诉说，让他把心里想说的话说出来，然后再把道理给他讲解清楚，就会避免矛盾的转移甚至升级。调解中所解决的矛盾往往都是当事人无法自行解决的较复杂的矛盾、纠纷，在调解过程中，往往矛盾解决需要耗费调解员很多的精力和很长的时间，调解员不能因此而产生厌倦、烦躁的心理，以足够的耐心和充分的热心为当事人排忧解难。

2. 自信心

并非每一次调解都能促成矛盾解决，也并非每一位当事人都会对调解员的工作给予肯定，当遭遇调解的失败和当事人的否定时，调解员容易产生自我怀疑、自我否定的心理暗示，在调解过程中表现得优柔寡断，无形中降低了自己的威信度，难以胜任中间人的角色，从而延缓矛盾的解决，因此，调解员自信程度的强弱将会直接影响调解工作的进程。

三、调解员的职业道德

调解员的职业道德是指基于调解员职业特性，在长期调解实践中形成的对全体调解员具有普遍约束力的道德观念、行为规范和习俗的总和。调解员职业道德是调节调解员之间的关系、调解员与当事人之间，以及调解员与社会各方面关系的行为准则，是评价调解员职业行为的善恶、荣辱的标准，对调解员具有特殊的约束力。从世界各国的实践来看，各个国家都通过各种途径对调解员的行为和职业道德给予一定的约束和监督。而我国还没有制定完善、系统的调解员职业道德准则，仅仅在《民事诉讼法》《公务员法》和《人民调解法》有零散的规定，同时，在长期的调解实践中也尚未形成严密的职业道德评价和约束机制。因此，为加强调解员的职业道德教育，提高调解员队伍的素质，维护调解员和调解机构的良好形象，亟待制定和完善调解系统的调解员职业道德准则和完备的调解员职业道德评价和约束机制。

（一）充分尊重当事人的自愿、自决

相对于司法审判，调解是一种缺乏强制性的纠纷解决机制，贯彻的是“没有合意就没有纠纷的最后解决”“只要不服就可以不从”[①]的原则，是以当事人的合意作为其正当化原理。调解虽然有第三人的参与，但在本质上，第三人提供的仅仅是一个促进自我解决纠纷的平台。当事人自治既是调解的本质属性，也是调解追求的目标之一。自治目标下调解的目的是提供给当事人参与纠纷解决过程的机会，使其在自己的纠纷中扮演更加重要的角色。调解员的职能是在调解中适时为双方提供协商、对话的机会和场合，起沟通作用，激发当事人积极参与调解。《人民调解法》第22条明确规定：“人民调解员根据纠纷的不同情况，可以采取多种方式调解民间纠纷，充分听取当事人的陈述，讲解有关法律、法规和国家政策，耐心疏导，在当事人平等协商、互谅互让的基础上提出纠纷解决方案，帮助当事人自愿达成调解协议。”

（二）调解中立公平

调解员的中立与公平具体是指调解员与纠纷结果不存在直接利害关系，即调解人系无利害关系人；调解人应当公平公正无偏见地对待双方当事人；调解人不应直接或间接地向当事人施加自己的判断。

我国《民事诉讼法》和《人民调解法》均没有对调解员的中立公平进行明确而详细的规定，仅仅在《人民调解法》人民调解员的惩戒中可以看出对人民调解员中立公平原

---

① 棚濑孝雄：《审判外的纠纷解决处理机关和纠纷处理过程》，载《纠纷的解决与审判制度》，王亚新译，中国政法大学出版社2004年修订版，第79、80页。

则的间接规定[①]。而在一些具有涉外调解业务的调解组织中则更加明确而具体。如中国国际贸易促进委员会、中国国际商会《调解员守则》(2005)第2条明确规定:“调解员应独立、公正、不代表任何一方当事人、不偏不倚地履行其职责。”中国海事仲裁委员会海事调解中心《调解员办案守则》(2005)第2条规定:“调解员不代表任何一方当事人。”第8条规定:“调解员在调解过程中,不得有偏向一方当事人的言行,应尊重由当事人自愿达成和解协议的原则。”

(三)调解利益无涉

调解中的利益无涉是指为确保调解员中立和公平,调解员应当避免与任何一方当事人发生利益冲突,一旦发现与某一方当事人存在可能影响其中立性和公正性的情形,应当立即予以披露,并退出调解,但双方当事人均同意其继续留任且调解人自己也认为不会影响调解公正性时可以继续主持调解。利益无涉规则是保障调解员中立的重要手段,调解中一旦存在利益冲突必将伤及调解员的职业精神和调解行业的社会公信力。

(四)为当事人保密

调解中的保密原则通常包括两层含义:一是调解过程保密,即调解员作为调解程序的主持人有权拒绝社会大众旁听,拒绝新闻媒体对调解过程的采访。二是调解信息保密,即所有调解主体包括调解员、当事人、其他调解参与人均不得向外界披露调解信息,不得就调解信息出庭作证。我国《人民调解法》对调解保密职责并没做出明确规定,但在诉讼调解中,通过最高人民法院的司法解释也逐渐为调解员保守职业秘密提供了法律依据。最高人民法院《关于民事诉讼证据的若干规定》第67条规定:“在诉讼中,当事人为达成调解协议或和解的目的作出妥协所涉及的对案件事实的认可,不得在其后的诉讼中作为对其不利的证据。”在《最高人民法院关于建立健全诉讼与非诉讼相衔接的矛盾纠纷解决机制的若干意见》中,调解的秘密性原则基本得到确认,该《意见》明确规定:“调解过程不公开,但双方当事人要求或者同意公开调解的除外。从事调解的机关、组织、调解员,以及负责调解事务管理的法院工作人员,不得披露调解过程的有关情况,不得在就相关案件进行的诉讼中作证,当事人不得在审判程序中将调解过程中制作的笔录、当事人为达成调解协议而作出的让步或者承诺、调解员或者当事人发表的任何意见或者建议等作为证据提出,但下列情形除外:1.双方当事人均同

① 《人民调解法》第15条规定:“人民调解员在调解工作中有下列行为之一的,由其所在的人民调解委员会给予批评教育、责令改正,情节严重的,由推选或者聘任单位予以罢免或者解聘:

(一)偏袒一方当事人的;

(二)侮辱当事人的;

(三)索取、收受财物或者牟取其他不正当利益的;

(四)泄露当事人的个人隐私、商业秘密的。”

意的;2.法律有明确规定的;3.为保护国家利益、社会公共利益、案外人合法权益,人民法院认为确有必要的。”

(五)调解员的勤勉尽责

忠于职守、勤勉尽责是调解员应当遵守的职业操守和道德品质。勤勉尽责,就是以调解员理应具备的知识、技能和经验积极努力地履行职责,督促双方当事人遵守调解规则,勤勉尽责是调解员称职的基本要求,是一种积极义务,根据《民事诉讼法》和《人民调解法》的有关规定,调解员勤勉尽责包括但不限于以下内容:

1.准确掌握当事人的基本信息,包括但不限于当事人的姓名、性别、住址、职业、婚姻状况。

2.及时受理当事人的调解申请并登记,及时通知当事人。

3.告知当事人在调解活动中享有的权利及承担的义务。

4.调解场所的安排有利于保障当事人的安全,也有利于调解信息的保密。

5.调解员在调解工作中应当耐心听取当事人、代理人的陈述及辩论意见。

6.认真详细审阅当事人提交的全部证据及材料。

7.严格遵守办案程序,不得徇私舞弊,滥用职权。

8.文书档案管理制。

第五章　调解的适用范围

调解的范围，可称为调解的受理范围，是指各类调解组织负责调解哪些类型、哪种性质的纠纷，即哪些纠纷可以由哪类调解组织受理和解决。明确调解组织的调解范围，可以确定各类调解组织解决纠纷的职责与界限，使调解组织在解决不同性质的纠纷时，能够体现各自的行业特点和业务优势，对症下药，合理解决纠纷，从而更好地发挥调解组织的特点与作用。但是，目前我国各类调解机关不仅名目繁多、机构设置重叠，而且调解机构的受理范围也较为混乱，民间纠纷的重复受理或者互相推诿时有所见，不利于调解的进一步完善和发展，有必要理清各类调解机构的受理范围。

一、人民法院调解的适用范围

我国《民事诉讼法》第 3 条："人民法院受理公民之间、法人之间、其他组织之间以及他们相互之间因财产关系和人身关系提起的民事诉讼，适用本法的规定。"同时，其第 4 条和第 5 条又分别以属地主义和属人主义原则的形式对这种范围进行了补充。第 9 条关于调解的基本原则："人民法院审理民事案件，应当根据自愿和合法的原则进行调解；调解不成的，应当及时判决。"从上述法律规定我们不难看出，我国法院调解的适用范围十分广泛，从理论上说，只要双方当事人自愿、案件事实清楚，人民法院即可对一切平等主体的人身关系和财产关系纠纷进行调解。正是由于《民事诉讼法》对诉讼调解规定得过于原则和粗陋，造成人民法院调解案件范围上的模糊，也未能充分发挥调解的全部作用。

2003 年，最高人民法院颁布了《关于适用简易程序审理民事案件的若干规定》，以简易程序为突破口，对调解范围进行了尝试性的规定，《简易程序规定》第 14 条第 1 款规定："下列民事案件，人民法院在开庭审理时应当先行调解：

（一）婚姻家庭纠纷和继承纠纷；

（二）劳务合同纠纷；

（三）交通事故和工伤事故引起的权利义务关系较为明确的损害赔偿纠纷；

（四）宅基地和相邻关系纠纷；

（五）合伙协议纠纷；

（六）诉讼标的额较小的纠纷。”

从上述规定中我们可以看到：《简易程序规定》尝试用肯定性列举的方式将六类民事案件明确纳入调解的适用范围，但是，并非意味着调解仅适用于此六类案件。因此，《简易程序规定》第14条第1款的规定虽然比之于《民事诉讼法》有较大的实质进步，但是，从实质上说，该规定并未框定整个调解的适用界域。

随后，最高人民法院专门成立诉讼调解规范化研究课题组，对全国法院诉讼调解情况进行全面深入的调研，研究了诉讼调解制度相关问题，按照“能调则调，该判则判，调判结合”的要求，提出了进一步改革和完善诉讼调解工作的方案，并针对人民法院民事调解工作中急需明确和规范的问题，在总结调解工作经验的基础上，结合人民法院审判工作的实际情况，于2004年颁行了《关于人民法院民事调解工作若干问题的规定》。《调解规定》在规范性文件层面第一次较为系统、全面地对人民法院的民事调解工作做了规定。其第2条规定：“对于有可能通过调解解决的民事案件，人民法院应当调解。但适用特别程序、督促程序、公示催告程序、破产还债程序的案件，婚姻关系、身份关系确认案件以及其他依案件性质不能进行调解的民事案件，人民法院不予调解。”

虽然，《调解规定》对“有可能通过调解解决的民事案件”语焉未详，“其他依案件性质不能进行调解的民事案件，人民法院不予调解”更是为法官自由裁量预留了空间，①但是，《调解规定》首次对我国民事调解的适用范围做了界定，相比过往无疑是一项显著的进步，至今仍然是人民法院受理调解案件有效的规范性文件。

二、人民调解的适用范围

早在1989年，国务院颁布的《人民调解委员会组织条例》已将人民调解的适用范围界定为民间纠纷。但民间纠纷本身至今还没有一个明确的界定，是一个较为笼统、模糊的概念。司法部1990年的《民间纠纷处理办法》第3条规定：“基层人民政府处理民间纠纷的范围为《人民调解委员会组织条例》规定的民间纠纷，即公民之间有关人身、财产权益和其他日常生活中发生的纠纷。”此后的相当长一段时期内，民间纠纷被界定为公民之间因婚姻、家庭、邻里、继承、赡养等发生的简单的民事纠纷。随着社会转型以及社会经济结构的变化、利益格局的调整，矛盾纠纷的主体由公民与公民之间

---

① 刘显鹏：《法院调解适用范围探析》，《福建农林大学学报》（哲学社会科学版），2010，13(4)。

扩展到了包括公民与法人和其他社会组织以及单位之间，矛盾纠纷的内容也由婚姻、家庭、邻里、继承、赡养等简单纠纷发展为经济纠纷、下岗待岗职工与企业的纠纷、劳资关系纠纷、物业管理纠纷以及拆迁纠纷等等。2002 年 11 月 1 日起施行的《人民调解工作若干规定》第 20 条规定："人民调解委员会调解的民间纠纷，包括发生在公民与公民之间、公民与法人和其他社会组织之间涉及民事权利义务争议的各种纠纷。"将人民调解的受案范围限定为公民之间以及公民与法人和其他社会组织涉及民事权利义务争议的各种纠纷。同时，该《规定》第 22 条又规定了人民调解委员会不能受理的案件："人民调解委员会不得受理调解下列纠纷：（一）法律、法规规定只能由专门机关管辖处理的，或者法律、法规禁止采用民间调解方式解决的；（二）人民法院、公安机关或者其他行政机关已经受理或者解决的。"《规定》无疑扩大了人民调解的适用范围，具有明显的积极意义。这也是迄今为止，对人民调解委员会受理案件范围最为明确而具体的规定。①

三、行政调解的适用范围

行政调解，是指有关国家行政机关及其工作人员依照法律法规规定，在其行使行

① 近年来，有关人民调解的受理案件的范围已经得到立法机关的重视，2010 年 6 月，十一届全国人大常委会第十五次会议举行分组会议，审议人民调解法草案，吕薇、唐天标等常委会委员在审议中提出，应进一步明确人民调解的范围。（http://www.npc.gov.cn/npc/xinwen/2010-06/28/content_1579778.htm）然而，2010 年 8 月最终通过的《人民调解法》对人民调解的受理范围仍然没有进行具体、明确的界定。伴随着社会的不断发展和变化，理论界和实务部门除试图对"民间纠纷"进行进一步明确的界定以外，对"民间纠纷"外延有了进一步拓展，有学者认为"民间纠纷包括民事纠纷、轻微的刑事纠纷、刑事自诉案件及刑事附带民事纠纷"。（引自董小红《民间纠纷变化对人民调解制度的挑战》，载于《湖北社会科学》2011 年第 6 期。）继而有学者主张：对于一些轻微的刑事纠纷、刑事自诉案件及刑事附带民事责任的案件，当事人愿意以调解的方式解决，并且不损害第三人利益的，也可纳入人民调解的范围。（引自刘士国、高燕竹、董玉鹏、沈思言、吴博《农村人民调解制度的现状与完善——山东省邹城市村镇人民调解制度调查报告》，载于 http://www.civillaw.corn.cn/article/defauh.asp? id＝17038，2004-07-14。）而在各地的司法实践中，人民调解的受案范围也不断地突破了原有的规定，已经渗透到法人、社会组织之间纠纷的化解中，更有甚者，有些地方（如上海、北京、浙江等地）人民调解已经拓展到轻微刑事案件的化解中。（有关人民调解委员会调解轻微刑事案件的报道不断见诸各地报章，细细分析似有被误读之嫌，所谓人民调解委员会调解轻微刑事案件，都是人民调解委员会接受公安机关或者检察机关委托调解轻微刑事案件，严格地说，受委托调解的轻微刑事案件仍然是属于公安机关或者检察机关的管辖范围，并非涉及人民调解委员会的受理范围。）但是，不容否认的事实是，人民调解委员会受理案件的范围正处于不断扩大的趋势，笔者认为：调解范围扩大的趋势其内在动因不外乎是为行政机关、司法机关的案件分流，减轻这些部门的工作压力；当然也不排除对行政权压制调解的顾虑、司法权不适当影响调解自愿的担忧。让专业人士来做专业的事，作为专业的调解机构，人民调解委员会还是应当以《人民调解若干工作规定》为受案法律依据，以民事纠纷为其核心范围，以免产生案件的受理冲突甚至混乱现象。

政管理的职权范围内，对特定的涉及行政事务、行政处罚、行政决定、国家赔偿等引发的矛盾和纠纷进行调解的一种形式。具体而言，包括基层人民政府调解和政府职能部门调解。

（一）人民政府调解的适用范围

1990 年 4 月 19 日司法部发布的《民间纠纷处理办法》赋予了基层人民政府对各类民间纠纷的调解权，该法第 3 条规定："基层人民政府处理民间纠纷的范围，为《人民调解委员会组织条例》规定的民间纠纷，即公民之间有关人身、财产权益和其他日常生活中发生的纠纷。"

此后，国家还通过法律、行政法规赋予地方人民政府和有关部门对行政工作中涉及的民事纠纷进行调解。《突发事件应对法》第 21 条规定："县级人民政府及其有关部门、乡人民政府、街道办事处、居民委员会、村民委员会应当及时调解处理可能引发社会安全的矛盾纠纷。"

《妇女权益保障法》第 55 条规定："违反本法规定，以妇女未婚、结婚、离婚、丧偶等为由，侵害妇女在农村集体经济组织中的各项权益的，或者因结婚男方到女方住所落户，侵害男方和子女享有与所在地农村集体经济组织成员平等权益的，由乡镇人民政府依法调解；受害人也可以依法向农村土地承包仲裁机构申请仲裁，或者向人民法院起诉，人民法院应当依法受理。"

由于我国目前还没有一部关于行政调解的专门性、统一性法律，涉及基层人民政府调解的规定往往散见于一些规范性法律文件，因此，对于基层人民政府调解案件范围的规定并不是非常明确，缺乏系统化，没有很好地解决政府与政府职能部门处理案件的范围与分工，甚至出现混乱的现象，另外政府调解程序也缺乏规范化，如《中华人民共和国水法》第 57 条："单位之间、个人之间、单位与个人之间发生的水事纠纷，应当协商解决；当事人不愿协商或者协商不成的，可以申请县级以上地方人民政府或者其授权的部门调解，也可以直接向人民法院提起民事诉讼。县级以上地方人民政府或者其授权的部门调解不成的，当事人可以向人民法院提起民事诉讼。"显然，"先调后诉"的规定，没有很好地体现当事人自愿原则，不利于当事人解决纠纷，甚至对当事人选择纠纷解决方式产生影响。

（二）政府职能部门调解的适用范围

1. 治安机关调解的案件范围

治安调解是公安机关依法对民间纠纷引起的打架斗殴或者损毁财物等违反治安

管理行为的一种非处罚性处理活动。①

《治安管理处罚法》第9条规定："对于因民间纠纷引起的打架斗殴或者损毁他人财物等违反治安管理行为，情节较轻的，公安机关可以调解……"从《治安管理处罚法》的规定来看，治安调解的受理条件应当具备：一是案件性质应属于民间纠纷；二是案件类型属打架斗殴或者损毁他人财物等违反治安管理行为；三是情节较轻。这应该说比较充分体现了公安机关的职能，也较好地反映公安机关在调处民间纠纷中的功能，但是，由于此法律条文中"等"字用意含糊，极易产生理解的歧义，影响着人们对治安调解范围的确定，因此，公安部在2006年发布了《公安机关执行〈中华人民共和国治安管理处罚法〉有关问题的解释》的规定，该解释对治安调解的范围明确地做出了等外的规定，其具体的规定为"对于因民间纠纷引起的打架斗殴或者损毁他人财物以及其他的违反治安管理行为，情节较轻的，公安机关应当本着化解矛盾纠纷、维护社会稳定、构建和谐社会的要求，依法尽量予以了解处理"。同时，该解释还列举了治安调解的范围："特别是对因家庭、邻里、同事之间纠纷引起的违反治安管理行为，情节较轻，双方当事人愿意和解的，如制造噪声、发送信息、饲养动物干扰他人正常生活，放任动物恐吓他人、侮辱、诽谤、诬告陷害、侵犯隐私、偷开机动车等治安案件，公安机关都可

① 有关治安调解在学界与实务界一直存在争议，综合起来主要表现为几个方面：一是治安调解存在的必要性。许多学者对治安调解在解决纠纷定纷止争方面的作用和价值予以了充分的肯定，近年来，部分教学对此提出异议，认为：现行《中华人民共和国治安管理处罚条例》与《公安机关办理行政案件程序规定》准许公安机关从事治安调解与不再予以治安处罚的规定致使公安机关权力边界模糊，泛化公安机关行政权的内容，与此同时，公安机关依照现行法律与规章的规定，不再予以治安处罚的行为与进行治安调解的行为似有当为之而不为，不当为而为之的错位之嫌疑；（引自：施俊镇，《公安机关的治安调解职能应当弱化》，《江西公安专科学校学报》2005年第2期。）二是治安调解受理案件的范围缺乏明确而具体的规定，在案件类型方面，始终有"等内""等外"之争，从《公安机关执行〈中华人民共和国治安管理处罚法〉有关问题的解释》明确列举的十三类案件来看，似乎有超越《治安管理处罚法》"打架斗殴或者损毁他人财物以及其他的专治治安管理行为"。特别是"情节较轻"没有任何衡量的标准，一起治安案件，即便明显起因于"民间纠纷"，案件类型也赫然属于《公安机关办理行政案件程序规定》和《公安机关执行〈治安管理处罚法〉有关问题的解释（一）》明确列举的十三类案件，基层办案单位或者民警仍然可以是否属于"情节较轻"为由决定调解或者处罚。可见，治安调解条件的不明确和广泛的自由裁量权为随意适用甚至滥用治安调解大开方便之门。（引自裴兆斌、张淑平《辽宁省治安调解实践调查报告》，《辽宁公安司法管理干部学院学报》2009年第1期。）从上述两者法律依据来看，我们可以看出，两者内容有交叉重叠的地方。如因民间纠纷引起的打架斗殴、损毁他人财物，肯定涉及了相关的经济赔偿问题。经济赔偿及损害赔偿均属民事权利义务争议的范畴，这是毫无疑问的事实。也就是说，此类治安案件的当事人除了违反治安管理的行为外，还存在民事权益的争议。人民调解只能解决民事权利义务争议，对于违反治安管理的行为，其无权进行处理（调解），故要将治安案件全部进行人民调解，显然不当。但《治安管理处罚法》规定，治安调解是通过对案件中因打架斗殴或者损毁他人财物而产生民事权利义务争议进行调解，从而使被伤害人或者财物被损害方获得赔偿后放弃追究另一方当事人的法律责任。因此，治安调解不仅解决了民事权利义务的争议，还解决了违反治安管理的行为人不再受法律追究的问题。既然人民调解与治安调解在调解范围内有部分重合，那么，两者之间存在着衔接的可能，即警民联合调解的新型机制建设是有法律前提和现实可能的。

以调解处理。”可见，治安调解的范围已规定得非常明确。同时，为了更好地规范公安机关受理的范围，《公安机关办理行政案件程序规定》以及《公安机关治安调解工作规范》明确了相关的禁止性规定，根据规定，“违反治安管理行为有下列情形之一的，不适用治安调解：雇凶伤害他人的、结伙斗殴的、寻衅滋事的、多次实施违反治安管理行为的、当事人在治安调解过程中又挑起事端的、其他不宜治安调解的”。

2. 交通管理部门的调解范围

交通事故调解是在公安机关交警部门的主持下，在当事人平等协商、互相体谅、互相让步的基础上，合情、合理、合法地解决交通事故民事损害赔偿争议的一项活动。

《中华人民共和国道路交通安全法》第 74 条明确规定：“对交通事故损害赔偿的争议，当事人可以请求公安机关交通管理部门调解，也可以直接向人民法院提起民事诉讼。”

经公安机关交通管理部门调解，当事人未达成协议或者调解生效后不履行的，当事人可以向人民法院提起民事诉讼。

3. 工商行政管理部门的调解范围

工商行政调解是指工商机关在法定职权范围内，在日常管理和行政执法过程中，对与本机关行使行政职权有关的各类争议纠纷，以法律、法规、规章及政策为依据，以当事人自愿为原则，通过对争议当事人的说服和疏导，促使当事人平等协商、互谅互让，达成调解协议，快速解决争议纠纷的活动。

工商行政调解是一种具有法律意义的行政行为，其适用的案件范畴必须由法律、行政法规或规章确定，否则即为无效调解。从现行法律制度看，工商行政调解适用的案件范畴主要包括以下 5 个方面：由《消费者权益保护法》《工商行政管理机关受理消费者申诉暂行办法》确定的消费纠纷案件，由《合同法》确定的合同纠纷案件，由《商标法》确定的商标侵权赔偿案件，由《特殊标志管理条例》确定的特殊标志侵权赔偿案件，由《奥林匹克标志保护条例》确定的奥林匹克标志侵权赔偿案件。

①消费纠纷调解。消费纠纷调解是工商行政管理机关行政调解的主要内容，其法律依据一是《中华人民共和国消费者权益保护法》第 32 条：“各级人民政府工商行政管理部门和其他有关行政部门应当依照法律、法规的规定，在各自的职责范围内，采取措施，保护消费者的合法权益。有关行政部门应当听取消费者及其社会团体对经营者交易行为、商品和服务质量问题的意见，及时调查处理。”二是《中华人民共和国消费者权益保护法》第 39 条：“消费者和经营者发生消费者权益争议的，可以通过下列途径解决：1. 与经营者协商和解；2. 请求消费者协会调解；3. 向有关行政部门申诉；4. 根据与经营者达成的仲裁协议提请仲裁机构仲裁；5. 向人民法院提起诉讼。”三是工商总局第 51 号令《工商行政管理机关受理消费者申诉暂行办法》。该《办法》第 7 条规定：“工商行政管理机关在其职权范围内受理消费者申诉的案件属于民事争议的，实行调解制度。”《办法》并对调解的程序作了具体规定。四是国家总局第 75 号令《工商行政管理所处理消费者申诉实施办法》，对工商所处理和调解消费纠纷的程序作了具体规定。

②合同纠纷调解。合同纠纷调解曾经是工商行政管理机关很有社会影响力的一项工作，其主要依据是 1982 年施行的《中华人民共和国经济合同法》规定“无效经济合同的确认权，归合同管理机关和人民法院”。工商行政管理机关作为合同管理机关具有对经济合同是否有效的确认权。但在 1993 年对《中华人民共和国经济合同法》进行修改时，将经济合同的效力认定改为“经济合同的无效，由人民法院或者仲裁机构确认”。排除了工商行政管理机关对经济合同效力的确认权。1999 年《中华人民共和国合同法》施行后，《中华人民共和国经济合同法》同时废止，而《中华人民共和国合同法》只规定了合同无效的法定情形，对合同效力的确认机关未作规定。不管法律对合同效力确认机关的规定如何变化，工商行政管理机关作为合同管理机关的身份没变。《中华人民共和国合同法》第 127 条规定：“工商行政管理部门和其他有关行政主管部门在各自的职权范围内，依照法律、行政法规的规定，对利用合同危害国家利益、社会公共利益的违法行为，负责监督处理；构成犯罪的，依法追究刑事责任。”而对于合同纠纷的调解，《中华人民共和国合同法》第 128 条第 1 款规定：“当事人可以通过和解或者调解解决合同争议。”国家工商总局第 79 号令颁布了《合同行政争议调解办法》，这是工商行政管理机关调解合同纠纷的基本依据。

③商标侵权赔偿调解。商标侵权赔偿调解也是工商行政管理机关的法定职权，其依据是《中华人民共和国商标法》第 53 条：“有本法第 52 条所列侵犯注册商标专用权行为之一，引起纠纷的，由当事人协商解决；不愿协商或者协商不成的，商标注册人或者利害关系人可以向人民法院起诉，也可以请求工商行政管理部门处理。工商行政管理部门处理时，认定侵权行为成立的，责令立即停止侵权行为，没收、销毁侵权商品和专门用于制造侵权商品、伪造注册商标标识的工具，并可处以罚款。……进行处理的工商行政管理部门根据当事人的请求，可以就侵犯商标专用权的赔偿数额进行调解；调解不成的，当事人可以依照《中华人民共和国民事诉讼法》向人民法院起诉。”

④特殊标志侵权赔偿调解。《特殊标志管理条例》第 17 条规定：“特殊标志所有人或者使用人发现特殊标志所有权或者使用权被侵害时，可以向侵权人所在地或者侵权行为发生地县级以上人民政府工商行政管理部门投诉；也可以直接向人民法院起诉。工商行政管理部门受理特殊标志侵权案件投诉的，应当依特殊标志所有人的请求，就侵权的民事赔偿主持调解；调解不成的，特殊标志所有人可以向人民法院起诉。”

⑤奥林匹克标志侵权赔偿调解。《奥林匹克标志保护条例》第 10 条规定：“未经奥林匹克标志权利人许可，为商业目的擅自使用奥林匹克标志，即侵犯奥林匹克标志专有权，引起纠纷的，由当事人协商解决；不愿协商或者协商不成的，奥林匹克标志权利人或者利害关系人可以向人民法院提起诉讼，也可以请求工商行政管理部门处理——进行处理的工商行政管理部门应当事人的请求，可以就侵犯奥林匹克标志专有权的赔偿数额进行调解；调解不成的，当事人可以依照《中华人民共和国民事诉讼法》向人民法院提起诉讼。”

4. 其他行政职能部门的调解案件的范围

除了公安治安调解和交通管理调解以外，我国的医疗卫生行政、劳动行政、自然资源行政、环境保护行政、公共交通行政、工商行政、计量行政、邮政行政及民政行政等行政事务的管理中，其实都存在着不同程度地通过调解的方式解决纠纷。

《医疗事故处理条例》第48条规定："已确定为医疗事故的，卫生行政部门应医疗事故争议双方请求，可以进行医疗事故赔偿调解。调解时，应当遵循当事人双方自愿原则，并应当依据本条例的规定计算赔偿数额。"

《专利法》第60条规定："未经专利权人许可，实施其专利，即侵犯专利权，引起纠纷的……向人民法院起诉，也可以请求管理专利工作的部门处理。……进行处理的管理专利工作的部门应当事人的请求，可以就侵犯专利权的赔偿数额进行调解，调解不成的当事人可以依照《中华人民共和国民事诉讼法》向人民法院起诉。"

《著作权法》第55条规定："著作权纠纷可以调解，也可以根据当事人达成的书面仲裁协议或者著作权合同中的仲裁条款，向仲裁机构申请仲裁。"

四、仲裁机关调解的适用范围

仲裁调解是一种复合式的争议解决方法。它是指仲裁程序启动后，根据当事人的请求，或者仲裁员在征得当事人的同意后，在仲裁庭主持下，双方当事人平等协商解决纠纷的情形。仲裁调解既吸纳了仲裁的可执行性，又介入了调解的灵活、便捷，大大强化了解决纠纷的功能。我国《仲裁法》第2条规定其适用的范围是"平等主体的公民、法人和其他组织之间发生的合同纠纷和其他财产权益纠纷"，紧接着，第3条又将这一范围进一步限定，即"下列纠纷不能仲裁：(一)婚姻、收养、监护、扶养、继承纠纷；(二)依法应当由行政机关处理的行政争议"。

《仲裁法》第51条规定："仲裁庭在做出裁决前，可以先行调解。当事人自愿调解的，仲裁庭应当调解，调解不成的，应当及时做出裁决。调解达成协议的，仲裁庭应当制作调解书或者根据协议的结果制作裁决书。调解书与裁决书具有同等的法律效力。"法律把仲裁中的调解权赋予仲裁庭。仲裁庭在仲裁案件的审理工作中，如果双方当事人有调解的意向，仲裁庭可以在仲裁裁决做出前的任一阶段进行调解，如调解成功则由仲裁庭根据调解协议制作调解书或裁决书，调解不成再重新恢复仲裁程序。从《仲裁法》的法律条文中，我们可以看到：仲裁庭可以对自己受理的所有案件进行调解，仲裁调解的唯一前提就是双方当事人同意调解。这样的规定忽略了案件本身的可调解性或不可调解性。依照立法的惯例，《仲裁法》对调解范围的规定只能是言简意赅的，不可能对仲裁调解的范围、程序的具体制度进行设计建构。而各仲裁机构的仲裁规则中关于调解的规定也基本照搬法条，同样缺乏具体制度的设计。[1]

---

① 2007年9月北京仲裁委员会制定了《北京仲裁委员会调解规则》，该规则规定可以由仲裁机构管理单独的调解，丰富了中国的调解实践，并对当前中国多元争议解决机制的构建与完善产生积极影响，值得关注与探讨。

五、行业内部调解组织调解的适用范围

随着市场经济建设的发展，在我国的建筑、保险、旅游、广告、律师、印刷、医药等各行各业也开始逐步成立起了各种各样的行业协会和组织，它们在调整行业性的矛盾和纠纷过程中的作用也开始逐渐凸显。目前，相对比较普遍的行业调解主要有劳动争议调解和医事纠纷调解。

（一）劳动争议调解机构调解的适用范围

劳动争议调解是指调解委员会对企业与劳动者之间发生的劳动争议，在查明事实、分清是非、明确责任的基础上，依照国家劳动法律、法规，以及依法制定的企业规章和劳动合同，通过民主协商的方式，推动双方互谅互让，达成协议，消除纷争的一种活动。

劳动争议调解虽然不是劳动争议处理的必经程序，但却是劳动争议处理制度中的“第一道防线”，对解决劳动争议起着很大的作用，它具有及时、易于查明情况、方便争议当事人参与调解活动等优点，是我国劳动争议处理制度的重要组成部分。

调解委员会是实行调解工作的机构。根据《劳动争议调解仲裁法》第 10 条的规定：“发生劳动争议，当事人可以到下列调解组织申请调解：（一）企业劳动争议调解委员会；（二）依法设立的基层人民调解组织；（三）在乡镇、街道设立的具有劳动争议调解职能的组织。”

企业调解委员会调解劳动争议，是我国劳动争议处理的一大特色，由于劳动者、企业代表等均身在企业，对争议发生的经过比较清楚，能够对争议双方进行正确引导，有利于及时化解纠纷，阻止双方矛盾激化，努力将争议解决在企业内部，和谐劳动关系。①

---

① 比之于 1993 年《企业劳动争议处理条例》，《劳动争议调解仲裁法》关于企业劳动争议调解委员会的人员设置具有一定的进步意义，但是，对其功能和作用，近年来，国内有学者提出了忧虑与担心。我们通过考察劳动争议调解委员会与用人单位的关系发现：第一，从经济上来看，劳动争议调解委员会并不独立，是附设在企业内部的一个群众性组织，本身并不是一个独立的法人实体，其办公场所、设施由用人单位提供，活动费用由用人单位支付，甚至在组织上也依赖用人单位，这就决定了劳动争议调解委员会在调解过程中不可能不顾及用人单位的利益；第二，从劳动争议调解委员会人员构成来看，工会的代表、职工的代表均是用人单位的职工，在用人单位领取工资，与用人单位存在着管理与被管理、隶属与被隶属的纵向关系。在决定一个机构独立性最重要的两个因素即财务权和人事权上，调解委员会都受到用人单位的约束，因而他们在调解时不可能无偏袒地中立。（引自朱晓艳《劳动争议调解制度探析》载于《湖南工业职业技术学院学报》2009 年 4 月。）“这种组织方式难以排除企业的干扰因素。用人单位代表是由用人单位的法定代表人指定，职责也决定了必须代表单位的利益。但职工代表是由职工代表大会推举产生，工会负责人大多由用人单位工会委员会指定，但他们的企业职工的身份不会改变，工资、各类保险、奖励、补贴和其他福利待遇等财务方面的决定权，以及升迁、降职、任免等人事决定权都在企业的完全掌控之下，甚至可能连进行调解的准备、沟通、协商等活动的时间都无法保证，这种“寄人篱下”的谈判方式很难表达劳动者的真实意愿，即使签订了调解协议也缺乏公信力和公正性。”（徐阳：《劳动争议调解的法理探析——兼论我国劳动争议基层调解组织有关规定的缺陷与完善》，《行政与法》2009(01)。）

《劳动争议调解仲裁法》第10条第2款规定："企业劳动争议调解委员会由职工代表和企业代表组成。职工代表由工会成员担任或者由全体职工推举产生，企业代表由企业负责人指定。企业劳动争议调解委员会主任由工会成员或者双方推举的人员担任。"①

根据《劳动争议调解仲裁法》第2条规定，劳动争议调解组织可以受理下列案件：

1.因确认劳动关系发生的争议；

2.因订立、履行、变更、解除和终止劳动合同发生的争议；

3.因除名、辞退和辞职、离职发生的争议；

4.因工作时间、休息休假、社会保险、福利、培训，以及劳动保护发生的争议；

5.因劳动报酬、工伤医疗费、经济补偿或者赔偿金等发生的争议；

6.法律、法规规定的其他劳动争议。

（二）"医调委"调解的适用范围

2002年9月1日起开始正式实施《医疗事故处理条例》，是目前我国处理医疗纠纷问题的主要法律依据。《条例》第46条规定："发生医疗事故的赔偿等民事争议，医患双方可以协商解决；不愿协商或者协商不成的，当事人可以向卫生部门提出调解申请，也可以直接向人民法院提起民事诉讼。"由此可见，我国采取的是调解与协商、诉讼等多种方式并存的医疗纠纷争议解决制度，然而，近10年的实践证明：这三条途径并不能有效地解决医疗纠纷。由于医患双方的对立情绪，难免言行过激导致协商难以成功；卫生行政机关调解又会使患方对这种上级监管下级的调解方式的公正性心存疑虑；法律诉讼则因其时间长、成本高等弊端，成为患方最少选择的解决途径。② 目前，全国各地也都在积极研究医疗纠纷的处理办法，探讨和尝试"第三方调解"模式，取得了良好的成效，也形成了具有代表性的医疗纠纷的第三方调解模式，比如上海模式，依

---

① 1993年《企业劳动争议处理条例》第7条规定："企业可以设立劳动争议调解委员会（以下简称调解委员会）。调解委员会负责调解本企业发生的劳动争议。调解委员会由下列人员组成：（一）职工代表；（二）企业代表；（三）企业工会代表。"第8条规定："调解委员会主任由企业工会代表担任。调解委员会的办事机构设在企业工会委员会。"从中明显可以看出：原来《企业劳动争议处理条例》非常重视和强调工会在调解劳动争议中的主导作用，把工会定位于第三方，居中调解用人单位和劳动者之间的劳动争议，这种规定与工会的性质不符。《劳动争议调解仲裁法》则明确了工会是代表劳动者的利益，并将调解委员会由职工代表、企业代表、企业工会代表三方组成改为由职工代表和企业代表两方组成，职工代表可以由工会人员担任，这些修改无疑有利于工会发挥保护劳动者利益的作用。

② 刘伟宁：《医疗纠纷第三方调解的模式分析及构建》，《中国卫生法制》，2011年5月。

靠人民调解委员会进行第三方调解，[①]也有具有一定行政色彩的浙江宁波模式，[②]还有完全中立色彩的北京模式。[③] 但是，从确保医疗纠纷第三方调解的独立性和中立性以及第三方调解的可操作性而言，笔者还是比较推崇深圳模式。2010 年 2 月深圳市人民政府颁布并施行《深圳市医患纠纷处理暂行办法》，该办法第 10 条规定："各级人民调解委员会应当将医患纠纷纳入工作范围，在街道设立医患纠纷调解工作室，也可根据实际情况在辖区各主要医疗机构内设立医患纠纷调解工作室（以下统称医调室）。"该"医调委"为公益、中立、专业性的医疗纠纷人民调解组织，由具有医学、法学和心理学专业的专职人员组成，隶属于市人民调解委员会，由市司法局统一管理，经费由市财政支付，该暂行办法第 6 条："司法行政部门应当推进医患纠纷调解机构建设，做好医疗纠纷调解管理工作。"但是，该暂行办法对"医调会"的调解范围缺乏合理的界定和规范，该暂行办法第 3 条："本办法所称的医患纠纷，是指患方认为医疗机构及其医务人员在医疗过程中实施的医疗、预防、保健等执业行为损害其合法权益而引发的争议。"从中我们可以发现其调解范围非常广泛，甚至似乎有超越《人民调解法》的"民间纠纷"的范围。

---

① 2006 年 4 月，上海普陀区成立了我国第一家专门的医疗纠纷人民调解委员会。发生纠纷后，医患双方可向调委会提出申请，调委会受理后，由医学专家和律师进行医学技术评估和法律服务，之后，再由人民调解员进行调解。医疗机构、患者可以任意选择自己信任的调解员，也可由调委会指定调解员进行调解。

② 2008 年 3 月，宁波市以"政府令"形式正式颁布实施《宁波市医疗纠纷预防与处置暂行办法》，由宁波市医疗纠纷人民调解委员会和宁波市医疗纠纷理赔处理中心为核心的"第三方"介入医疗纠纷双方当事人之间。该模式以政府为主导，公安、司法、卫生和保险等部门配合，全社会参与，宁波市各级各类公立医疗机构全部参加医疗责任保险。医疗纠纷发生后，如患方索赔额在 1 万元以下的，双方可以协商解决理赔事宜；超过 1 万元，医疗机构无权处理，必须向理赔心中报案，由理赔中心和调解委员会负责调查，评估，协商。在医患双方同意协商解决医疗事故争议的基础上，由人民调解委员会调解，由医疗责任保险机构理赔。若双方不满调解结果，仍可通过法律程序解决。

③ 2005 年 8 月，北京按照市政府《北京市实施医疗责任保险的意见》规定，开展医疗纠纷第三方调解援助机构与保险公司合署办案，调处理赔合议。其中太平保险公司负责承保西城、昌平两区的医院，由北京医学教育协会医疗纠纷调解中心做纠纷调解；中国人民财产保险公司负责其他十六区县的医疗纠纷处理，由北京卫生法研究会医疗纠纷调解中心做调解机构。

第六章　调解的准备阶段

从接到当事人的调解申请或接受第三方的调解委托开始，直到将案件移交给各方当事人选定的调解员正式开始调解为止，此阶段为调解的准备阶段。调解机构和调解员在此期间应当做哪些准备工作，并无一定的规定，需视案件的具体需要采取相应的准备工作，但是，该阶段的核心准备工作包括“确认双方当事人同意调解的意向”和“协助当事人选择调解员”。本章拟结合我国调解的实践及国外调解理论和实践，尝试总结调解机构和调解员在该阶段准备工作的要点。

一、调解员在调解准备阶段的工作目标

(一)初步了解案件基本事实及双方当事人的状况

调解人员通过与当事人的初步会谈，最重要的就是，一方面是为了对当事人进行了解其与争议有关的各方面状况，并为正式调解进行必要的准备工作，另一方面也是让当事人充分了解调解工作的特点与步骤。同时调解组织或调解员普遍兼有法律咨询服务的功能，故而亦可提供当事人相关法律知识方面的协助，为当事人解答其疑惑，让当事人明白、知晓进一步可以选择解决争议的途径有哪些，又可能会面临哪些问题或承担什么责任。总之，在初步了解阶段，调解人员应当向当事人传递的信息是：当事人是调解工作的主角，调解人员仅仅是辅助当事人解决争议的配角。

(二)评估并确认当事人申请调解的意愿

调解是当事人利益需求的平衡，当事人希望从调解中得到自己所需要的利益，所以发现当事人的调解需求能够帮助调解员选择不同的调解策略、运用调解技巧，从而有助于调解的成功。当事人的调解需求可能是物质层面的，也可能是精神层面的，当事人的调解需求不仅有“显性需求”(当事人通过自己的言行举止表达出来的外在的、现实的、易感知的需求)，还包括当事人的“潜在需求”(尚未被当事人明确意识到的将会可能产生的需求，潜在需求往往影响甚至决定调解最后趋势)。发现当事人的利益需求是调解员确保调解顺利的重要前提，但是，客观上，当事人的利益需求往往是多元

的和复杂的，有些利益需求是可能通过调解来实现的，也有些利益需求是无法通过调解来实现的。因此，调解员有必要对当事人的利益需求进行识别，将当事人的利益需求进行初步的界定，判断双方当事人利益需求的性质，即这些利益需求是否属于调解机构的调解范围；分析双方当事人利益需求的差距，即判断双方当事人是否存在调解的余地、当事人是否存有调解的愿望等等。调解员应当审慎地评估纠纷调解的可行性，若发觉双方当事人的争议更适合其他途径解决的，应当建议当事人选择更为合适的解决途径。

（三）拟定合理的调解方案

调解人员在了解纠纷基本事实的基础上，通过分析当事人提供的案件材料，理清纠纷焦点、分清层次，熟悉与纠纷有关的法律、法规、政策，确定调解重点，初步拟定调解方案。调解方案主要包括：确定调解所要达到的目的；准备好消除双方当事人争执的可行性方案；调解过程中可能出现的问题和对策；调解具体纠纷所涉及的法律、法规、政策条款；具体的调解方法和工作重点等。

二、调解准备阶段的工作步骤

（一）向当事人发送调解通知

调解机构受理案件后，向各方当事人发送调解通知，确认双方当事人同意参加调解。对于双方当事人共同申请调解的，应向双方当事人同时发出调解通知，内容上应该更侧重于调解程序的具体安排；对于单方申请调解的，则一般应向被申请人发出调解通知，并可根据需要抄送给申请人，内容上除了调解程序安排之外，还需要通过介绍调解机构的基本情况和调解方式的优势、特点、基本原则等，以使对方当事人充分了解调解的好处而愿意接受调解；对于受第三方委托而介入调解的，应当向双方当事人同时发出调解通知，同样也需要对调解的优势、特点、基本原则和受托调解过程的介绍。

（二）协助当事人选择调解员

国内目前的调解实践，对当事人选择调解员的环节没有予以足够的重视，往往将当事人选择调解员的权利理解为调解机构的告知义务，即在调解机构确定具体的调解员后，将此信息告知当事人，而不是由当事人来选择，在诉讼调解和行政调解尤甚；或者等同于对调解员的回避申请，等等，严格地说，目前这些状况与当事人调解自愿原则的要求是有距离的。结合国外调解的经验，我国的调解机构在调解员的选择上可以采用当事人自由选择与调解机构推荐相结合的原则，即调解机构既要充分尊重当事人的自由选择权，又要考虑到调解程序员效率，应当给双方当事人提供适当的引导或者推荐。具体应当包括：

1. 调解员信息披露。调解机构在受理案件以后，应当及时地向当事人介绍调解员的年龄、学历、调解经历、专业特色等信息，有助于当事人对调解员的初步了解；

2. 当事人自主选定调解员，可以由双方当事人协商共同选择；也可以由当事人分别选定；

3. 调解机构的推荐和建议。当事人无法最终选定调解员时，调解机构可以提出关于拟任调解员人选的建议，并可就该建议的推荐理由予以简要说明，当然，最重要的是必须就建议人选征求双方当事人的意见。只有在双方当事人在合理期限仍然无法就调解员人选达成一致意见时，才可以由调解机构直接指定，以真正体现当事人的自由意志。

(三)初步会谈

主要是指调解员在确定以后应当与申请调解的当事人进行初步的会谈，初步了解当事人的案件事实、调解需求等。调解员通过与当事人的初步会谈，向当事人询问案件的基本事实和情节，了解当事人的调解需求及其理由。其内容主要包括纠纷产生的原因、发展过程及目前处于什么程度；当事人文化程度、经济状况、个性特征和当事人对纠纷的态度；对纠纷当事人起影响或制约作用的各种因素和社会关系等情况。

(四)当事人信息和调解能力的评估

调解员在经过与当事人初步会谈后，根据初步了解的案件事实，进行简要的可行性评估，即包括案件性质的评估、当事人调解能力评估和案件的安全性评估。

案件性质的评估即所申请的案件是否属于可调解的事由，是否可以由本调解机构管辖。当事人信息、调解能力评估主要是指调解员在调解之前辨析纠纷所涉及的各种主客观因素，努力对当事人身份信息如当事人职业、经济收入、社会地位、心理状态、心理动机和行为等有所了解，同时，调解员也应该进一步了解双方当事人间是否曾经具有密切关系或者情感基础，双方当事人对客观事实的认知能力，价值判断能力是否均衡；当事人的经济状况及心理承受能力是否适合调解。

案件的安全性评估。调解员对双方当事人可能存在的人身安全等分析，确认调解过程可能发生危险及其严重程度，提出必要的控制措施，或者终止调解。安全性的评估主要是预防暴力再次发生及修补双方当事人的关系，调解员应当需要关注一方当事人对于另一方当事人可能造成的潜在威胁与伤害，特别是在婚姻、家庭暴力等案件。调解员要注意当事人是否实施过暴力行为的信息，特别要评估当事人曾经暴力行为的严重程度、频率次数、暴力的致伤程度、加害人与受害人的接触空间、环境的整体安全。一旦调解员发现当事人存有暴力倾向或伤害可能的，应及时采取有效的预防措施。此外还要了解当事人对案件事件的解释、想法、感受与价值。维护当事人安全便是调解中的重要策略。

（五）提供解决纠纷的其他途径

在初步会谈与评估以后，可能会发现当事人所申请调解的案件并非适合以调解方式介入处理，因此，调解员与当事人进行初步会谈，以评估双方当事人申请调解的可能性，当调解人员发现当事人所申请的案件是调解机构无法介入处理之时（例如，暴力情形过于严重、一方当事人不愿接受调解等），调解员应当向当事人说明：目前调解机构能够受理的案件范围，当事人所申请的案件不属于调解机构所管辖的范围，调解机构无法进行调解，并向当事人建议选择其他合法途径（比如法院诉讼等）解决该纠纷。

（六）进一步确认调解意愿

为确保后续调解工作能够顺利进行，通过与当事人的初步会谈，进一步确认双方当事人是否具备调解之意愿，如当事人有调解意愿，则应当由当事人签署《同意进行调解协议书》，表明双方当事人均愿意参与调解，及愿意聘请该调解员协助他们解决争议。

（七）调解准备

调解员在进一步确认双方当事人的调解意向后，即可以着手开始正式调解的准备：

1. 准备正式调解的程序安排

设计调解的时间进程，调解地点场合。对调解场合要有合理的选择，应选择有利于双方当事人进行交流的场所。一般而论，调解最好在一个中立的地点进行，比如在调解员的办公室等，这样的地点和场合对当事人的心理而言是平等的，任何一方当事人都不会认为对方有所谓的“主场优势”。

2. 确定调解主题，拟定调解方案

确定调解主题首先须明确当事人可能会提出哪些问题、要讨论哪些问题。其次是将这些问题全盘进行比较和分析：哪些问题可以列入重点讨论范围；哪些问题是调解员必须认真对待、全力以赴去促进解决的；哪些问题是非重点问题；哪些问题可以忽略。预判调解过程可能出现的障碍和阻力，准备好消除双方当事人争执的可行性方案；拟定可以邀请与双方当事人关系密切，且在当事人中有权威、有影响的人员到调解中来，这些人士能够对当事人的认知、情感等方面产生较大影响，通过事先与这些人士进行有效沟通，由他们协助调解，往往能收到事半功倍的效果。基于双方当事人视角角色、个性特征及生活习惯的分析，发现和寻找对当事人能够产生影响并有助于调解的邻居、朋友等，并邀请相关人员参与调解。

3. 专业知识及法律法规的准备

目前基层调解工作中，调解人员对于一般常见的或者简单的案件，通常能够驾轻就熟地着手调解工作。然而也会遇到一些较为特殊、复杂的案件，调解人员往往需要详细研究当事人的案件调解申请书，并且针对自己所不熟悉的领域，事先做一些功课或准备工作，诸如请教相关专业人士，或者查阅相关可借参考的资料等。

三、调解准备阶段的实务技巧与策略

（一）会见当事人的程序、方法与技巧

调解员在初次与当事人会面时，应征询当事人是否同意进行调解。若当事人同意，调解员在初次接触会面中，应当要求当事人提供个人及联络资料，以便日后可以随时与当事人联系；向当事人介绍调解的功能及有关调解程序；向当事人主动介绍自己的调解资历、专业背景等，以便建立调解员个人专业形象，有助于当事人对调解员的信任。同时，也要向当事人介绍调解员在整个调解过程中所发挥的作用和功能，并且要求当事人提供与纠纷有关的证据材料，以利调解员了解及制定调解策略；通过与当事人的会见及审查有关资料，调解员能够较充分地了解争议人的背景、纠纷性质及评估当事人的心理状况是否适合使用调解。

调解人员会见的程序和方法包括会见的开始、倾听当事人陈述、回答相关法律问题、总结确认、会见后跟进步骤等环节。调解员在会见当事人阶段需要掌握的主要技巧有：倾听的技巧、提问的技巧、记录的技巧、非语言交流技巧及其他特殊技巧（如处理当事人的答非所问、应对当事人可能存在撒谎、处理当事人私密或尴尬问题的技巧、应对失去理智当事人的技巧等）。

1. 会见的开始

当事人最初来到调解机构往往都会显得局促不安、精神紧张、情绪激动甚至失控，调解员在会见的初始阶段的首要目标是稳定当事人的情绪，缓解当事人的紧张心态，使当事人能够尽快地适应会见氛围。在会见初始阶段比较常见的做法是：相互介绍、寻找中性话题（比如天气、交通状况等等）进行寒暄；介绍会见的具体流程；解释会见的性质；向当事人介绍调解员的权利与义务；了解当事人对案件所做的准备情况及是否已经咨询过其他人等基本信息，以便于帮助当事人树立信心。

2. 会见的展开

这一阶段的主要目标是调解员了解案件核心事实，一般的做法往往是先听后看再问，由浅入深，从表象到核心。

先听主要就是充分地尊重当事人，让当事人叙述案件的事实，调解员在这一过程中的主要任务就是耐心地倾听，有选择地进行必要的记录。

后看就是调解员在听取当事人陈述案情的过程中，及时地查阅当事人所提供的证据材料，一方面是通过证据的查验印证当事人陈述的客观程度；另一方面也是初步地对证据进行验证与分析，进一步核实案件基本事实，发现案件的证据线索，同时也有利于寻找当事人的核心利益，发现当事人内心真正的追求。

再问，就是在听和看的基础上，针对倾听当事人陈述、查阅证据材料后发现的问题、细节等进一步地向当事人提出问题，使整个会见从最初的泛泛而谈不断地向核心和纵深发展，这是会见当事人能否取得成效的关键。

调解员在这一阶段的主要任务是对当事人进行有效引导，把握会见当事人的主导权，切莫让当事人信马由缰，一般情况下应当注意以下问题：

(1)倾听当事人陈述案情，态度和蔼，神情专注，切忌神态游离，心不在焉；

(2)会见过程中，积极运用眼光、手势、头部等肢体与当事人进行交流；

(3)适时地重复当事人的陈述，或用鼓励的语言激发对方等方式，表示自己尊重、理解和信任的态度；

(4)在倾听过程中，要选择时机及时打断或者插入问题，以便进一步了解案件事实。

3. 会见的结束阶段

会见后期，往往是对会见情况的总结确认阶段。主要任务是对当事人的陈述案件信息进行回顾与确认。比较常见的方法是调解员回顾，重复当事人的陈述内容，进一步确认案件的基本事实和证据材料，向当事人告知自己对案件事件和证据的理解，以便澄清当事人在陈述过程中可能出现的误解和失真。总结确认应当重点突出，表达简练，确保沟通对象的接受和理解，并进行完整的记录。

4. 会见的后续工作

在临近会见结束时，调解员应当与当事人协商如何完成后续工作。首先，进一步确认当事人的通讯地址、联系方式(电话、电邮等)。其次，应当告知当事人在会见结束后需要完成的工作，比如证据资料的补充及完备，当事人应当注意的事项，特别是告知当事人应当冷静、理智处理与另一方当事人的关系，以免矛盾激化。最后，将调解员的工作计划告知当事人，比如会见另一方当事人，进一步调解、核实案件事实，拟定调解方案，等等。

(二)案件调解可行性评估

调解必须是当事人自愿的，参与调解的当事人也必须是具有相应民事行为能力的，所以调解员需要初步审查及评估有关已披露的案件事实及当事人的信息资料，以衡量案件是否适合以调解方式解决。调解员亦可以从当事人所提供的资料中，了解当事人的背景、纠纷及性质、当事人的心理状况，评估具体案件是否适合以调解方法处理。

调解员在调解之前辨析纠纷所涉及的各种主客观因素，努力对当事人身份信息如当事人职业、经济收入、社会地位，辨析当事人的心理状态、心理动机和行为，双方当事人间是否曾经具有密切关系或者情感基础，双方当事人对客观事实的认知能力，价值判断能力是否均衡；当事人的经济状况及心理承受能力是否适合调解。

调解员审查当事人提供的资料时，应当分析当事人的心理状况及其所披露的资料，并须留意下列事项：

1.当事人是否有完全民事行为能力，是否适合接受调解。例如是否精神病患者、未成年人；

2.纠纷是否涉及违法或犯罪行为，超越调解机构的调解范围。例如在打架斗殴中是否存在故意伤害行为；

3.纠纷是否会涉及当事人一方的人身安全。例如当事人是否有家庭暴力行为的前科；

4.纠纷是否涉及第三方利益。例如儿女、亲属的利益，一方当事人所在单位的利益；

5.双方当事人争议的谈判能力是否过分不平衡。例如当事人的文化程度的差距是否悬殊、当事人对案件信息的掌握是否对等。

6.当事人的情绪或自控能力，能否在调解过程中保持足够的冷静与理智；

7.当事人是否拥有平等的表达和聆听对方理据的能力；

8.当事人对可能达成的调解结果的履行能力。

上述事项将会直接影响调解是否顺利进行，倘若调解员发现当事人存在上述问题，有可能影响调解进行的，应当终止调解，并且建议当事人寻求其他合法途径解决他们之间的纠纷。除此之外，调解员还需要评估下列可能影响调解的因素：

1.纠纷涉及纯法律定义的争议；

2.任何一方当事人已经流露不愿调解的意愿；

3.当事人间的纠纷有可能升级，并会更大范围地涉及其他家庭成员的人身和社会安全；

4.当事人的价值观念具有不可妥协性，纠纷已涉及当事人固有的价值判断或处世原则；

5.案件纠纷涉及违法或违反公共政策等事项。

（三）调解员与当事人之间沟通、互信的技巧与策略

调解需要一个信任的环境，成功的调解需要当事人信任调解员，只有当事人愿意倾诉自己的苦楚和表达自己的诉求，调解员才能胸有成竹地运用各种技巧促成当事人达成协议。

调解员在正式调解之前，应当尽可能地与当事人进行充分的沟通，努力构建与当事人的信赖关系。因此，在确定调解员后，调解员与当事人即形成了互相合作的工作关系，在构建和维系良性合作关系的过程中，调解员应当尽可能做到：

1.尊重当事人的人格、价值观

每个人的生活环境、人生阅历的不同，往往形成了自己独特的世界观和价值观，尊重别人就是尊重别人的看法、想法、说法、做法。“人敬我一尺，我敬人一丈”，这就是中国为人处世的伦理规则。尊重必须是发自内心的，是心与心的交流。“尊重别人发表

意见的权利。其实,每个人对每件事都会有不同的看法和不同的理解,不能期望大家的意见完全一致。”调解人员无论是主观意志还是思维定式,都不应否定当事人的想法和意见。凡是符合自己价值观的就是对的,凡是不符合自己价值观的就是错的,这是调解工作的极大忌讳。调解人员与当事人在人格上是平等的,理应以礼相待。当然,尊重当事人的人格和价值观,并不意味着调解人员肯定或者认同当事人的立场和观点,而是让当事人能够在互信的环境中,打开心扉,畅所欲言,真实地表达自己的意见,有利于调解人员与当事人之间的真诚沟通。

2. 真诚地关心当事人

调解人员的真诚有助于营造安全的氛围,当事人能够切实感受自己是被尊重、被接纳的,愿意诉说自己的烦恼。就当事人的心态而言,在调解准备阶段,往往是抱着试试看的态度,内心焦虑不安又心存希望,当调解人员适当地表露愿意帮助当事人,并且真正地关心当事人让当事人感到调解员具有亲和力,能够理解其处境,具体而言,可以在几个方面体现对当事人的关心:

(1)对当事人身体状况的关心;

(2)对当事人家庭状况的关心,如在家庭纠纷中,多询问纠纷的起因,家庭成员相处的感情等,使当事人感受到调解员对其纠纷的真正关心;

(3)对当事人生活处境的关心,如在交通事故中,多了解其医疗过程、家庭经济状况、被扶养人生活条件等,不但可以通过了解这些情况为调解提供信息,也使这些当事人感到温暖;

(4)对当事人经营状况的关心,对个体工商户、农村承包经营户以及企业等之间的争议,询问经营现状、因纠纷产生的不良影响等问题,会增加当事人与调解员的沟通对话机会,进而产生对调解员的信任;

(5)对当事人纠纷产生影响的关心,任何民间纠纷都会影响当事人的生活、工作或者学习,牵扯当事人的一定精力,调解员对这些问题的关心,不仅加强了与当事人的交流,更可以通过这种纠纷产生影响,进一步讲述调解解决纠纷带来的好处。

3. 善解人意,学会寻找共同语言

善解人意与心理学上的一个术语“共情”很相近,指一种能设身处地从当事人的角度去体会并理解当事人的情绪、需要与意图的一种人格特性。善解人意既是一种态度,也是一种能力。作为态度,它表现为一种对当事人的关切、接受、理解和尊重。作为一种能力,它表现为从当事人的内心世界参考体系出发,设身处地地体验当事人的内心世界,充分理解当事人的心事,并能把这种理解以关切、温暖、尊重的方式表达出来,即以准确的言语表达对当事人内心世界的理解。

有句话说得好:“不能同流,哪能交流;不能交流,哪能交心;不能交心,哪能交易。”调解员需要能够在与当事人的交流中,迅速了解并顺应当事人的思维方式和讲话习惯,所以,努力寻找共同语言。

(四)发现与归纳案件争议焦点的技巧与策略

在案件信息收集、调查核实的基础上,调解员还要对材料进行综合全面的分析判断,去伪存真,以便得出最为接近事实真相的正确结论。案件信息的鉴别与判断工作,就是将各种案件信息按照客观准确的要求进行去伪存真、去粗取精的过程。

首先,调解员应该设身处地站在当事人的角度思考问题,发现他们内心真正的诉求。任何纠纷解决方案如果不能体现当事人的核心利益,则只能意味着失败。例如很多要求离婚的当事人,内心不想离婚,只是想通过爆发矛盾让另一方在某些方面改变不好的习惯、性格等;有的离婚案件感情确已破裂,另一方只想拖对方多要点财产的情况。

其次,认真选择信息材料,剔除无关、无用和靠不住的信息材料,并将代表性的和重要的信息材料挑选出来。使信息层次分明,条理清晰,从而加强其逻辑性和说服力,达到帮助当事人的信息的认识、消化和吸收的目的。在调查核实的基础上,调解员还要对材料进行综合全面的分析判断,去伪存真,以便得出最为接近事实真相的正确结论。

最后,当发现已有的案件信息有矛盾、冲突、缺失和疑点时,要进一步修正并补充收集信息材料。

【调解实例】

案情简介:

孙大姐,女,1959 年出生,重庆人,1985 年与丈夫李先生相识并恋爱,2 年后结婚,婚后与李先生育有二子、一女。2005 年,孙大姐、李先生全家来杭州从事建筑装潢的承包工作,生意一直不错,家境较好。2013 年 7 月 11 日上午,孙大姐气冲冲地来到某调解中心,要求调解中心调解她的家庭矛盾。调解员热心接待了她。

调解员:这位大姐,你好! 你有什么困难需要我们帮助解决?

孙大姐:我算是倒了大霉了,我的老公出问题了。(情绪十分激动)

调解员:大姐啊,来来,我们慢慢地说吧,到底你老公出了什么问题啊?

孙大姐:我老公在外面养了个女人(开始哭泣),前段日子,这个女的抱着个小孩来我家,说这个孩子是她和我老公一起生出来的,真的是晴天霹雳啊!

调解员:真的有这回事吗? 你老公是不是承认了?

孙大姐:我老公承认的。说是前年(2011 年)5 月份的时候,我回老家,这个女的就跟我老公认识,这个女的也知道我回老家去了,天天就缠着他,最后还怀上了小孩。这个女人,我当时是有点认识的,我也知道她和我老公有些来往。她肚皮大起来的时候(怀孕),我还在我老公面前说:“这个女人嫁人都还没嫁,肚子倒已经大起来了。”我老公还说:“她这样的女人天天在外面乱搞,哪个知道肚子里的小孩是谁的呢?”后来那个女的搬到了三和小区(孙大姐家附近的住宅小区)来了。后来,生了小孩后,很长一段时间,我都没有见过这个女人。我还在我老公面前说起过:“哎,这个女的好像很长时间没见过,到哪去了?”我老公就跟我说:“她是回贵州去了。”我说:“她的小孩怎么办?”他说她回家自己想办法。(断断续续,没有将话说完整)

调解员:后来,你是怎么知道这个事情是你老公造成的?

孙大姐:上个月,大概是2号吧,我们在家里吃晚饭,外面有人敲门,我去打开门,见是那个女人,我还客气地打了个招呼,可那个女人马上把小孩推到我面前,说是小孩是我老公的,她养不起,要我们养。我都不知道怎么回事,叫她把事情讲讲清楚,可是,她不讲道理,说是要我走出去,她和小孩要住在这个家里。我们俩开始大吵了,后来,邻居都过来劝架了,好说歹说地将她劝走了。但是,最近,她几次到我家里来闹,要我老公把我赶走。我是遇到一个女人这辈子最倒霉的事,为什么呢?4年前,我和老公一起来杭州打拼,当时两个人是过得一平二穷、风餐露宿,我都没有喊过苦。可到现在,两个人有车有房,家里面也有了很多积蓄,可是这日子没法过了!

调解员:那么,孙大姐,我想问一下,你跟你老公(共同生活)这么长时间,没有发现你老公在外面有这个女人吗?

孙大姐:没有发现,没有发现,他对我是很忠的,我一点也看不出来的。

调解员:你们感情怎么样?

孙大姐:感情很好的。

调解员:发生这个事情以后,你能不能原谅他?a

孙大姐:我原谅他的,他对我说:“老婆,也就是你那段时间回老家,我做错事了。我向你坦白,请你原谅我一回,我以后再也不会有这种事了。你不原谅我的话,我真的没法活下去了。”

调解员:那你原谅他了?

孙大姐:对,我原谅了他。他本身对我是忠的。

调解员:这个事情,最后你老公有没有承认?

孙大姐:她说这个小孩,是我老公和她一起生的。我老公也承认了。

调解员:那她对于这个小孩,是要你老公负责还是怎么样?

孙大姐:她心里肯定这么想的,我就是想请你们帮帮忙,求助你们帮忙,把这个事情解决好。

调解员:那你打算这个事怎么办比较好?b

孙大姐:这个事情嘛,如果她要求我老公给抚养费嘛,要多少算一下,一笔清,把事情解决了,以后嘛,电话也不要通了。

调解员:好的。那我们给你办个立案手续,完了,我们会通知你、通知你老公,也通知那个女的,定一个日期,来调解。c看看能不能把问题解决掉。

孙大姐:那谢谢你们!让你们费心了!

评析:在我国的调解实践中,调解机构特别是基层调解机构对于调解的准备阶段没有予以足够的重视,一方面是案多、人少等客观原因导致调解员对立案前期工作忽略或者简化;另一方面,也是调解理念方面,过于追求调解的实际效果,对于调解的程序没有引起足够的重视,特别是部分地区的基层调解组织提出了"速调速决""调解不过夜、纠纷不出村"的口号,更是忽视调解正常的程序设置。本案中,调解员对于当事人的接待和案件的受理工作总体上是不错的,通过与当事人的初步会谈,对于案件的基本信息、当事人的诉求等基本已清晰。比如在对话 b 中,较好地了解了当事人对案件的初步立场和态度,有利于调解的正式展开。但是,该调解员的语言和行为也有值得商榷之处:一是对话 a,在孙大姐的丈夫还没有承认错误、真诚悔过的情况下,直接问孙大姐是否原谅丈夫似乎略显唐突;二是对话 c,对于调解的安排,准备邀请孙大姐、孙大姐丈夫参与调解,应属正常,但是,准备邀请那个女人参与调解,实属贸然。

第七章　正式调解的初始阶段

正式调解初始阶段主要是指双方当事人根据调解委员会的安排，即开始进入正式调解程序。此阶段的主要内容是双方当事人在调解员的主持下，充分表露各自对案件事实的看法、陈述各自的调解需求，是双方当事人思想、立场和观点的集中暴露，往往引起双方当事人利益的碰撞和冲突。俗话说“万事开头难”，此阶段对于营造调解氛围、缓解当事人对立情绪尤为重要。

一、调解初始阶段的工作目的

（一）向当事人介绍调解基本规则

调解初始阶段，调解员通过开场白及介绍调解规则，再次重申调解的程序及目的、调解员的角色及相关责任、调解的工作方式、调解协议的签署条件及其效力等等。其工作内容主要是让当事人真正认识调解程序及其特点。一般而言，通过让双方当事人理解调解的程序和工作方式，便于形成当事人与调解员彼此间良好的工作配合和合作关系。

（二）再次确认调解需求，拟定调解主题

在当事人充分了解调解的程序和特点的基础上，调解员使用核实、澄清和确认等方法，再次确认双方当事人的调解意愿及具体的调解需求。调解员在探知双方当事人的调解需求的同时，也给予双方当事人对其需求的充分表达和解释机会，并进一步确定调解的核心议题。

（三）当事人陈述案情，表明各自的立场与诉求

调解员在调解初始阶段的主要任务是确保当事人能够清晰、准确地陈述案件基本情况，并发现和归纳双方当事人间存在的争议焦点。通过当事人的陈述，让双方当事人可以听到另一方的解释，也可以有机会发泄内心的不满，宣泄情绪，有利于平和地参与调解工作。而对调解员来说，通过当事人的陈述，进一步了解案件基本情况，更有利于进一步了解当事人的性格和特点，归纳案件争议的焦点。

二、调解初始阶段的工作步骤

(一)调解员的开场白

在开始进入正式调解程序之前,调解员首先要向当事人宣读开场白,开场白的内容是向当事人介绍及讲解调解过程、调解基本规则等。

调解员的开场白对于确保调解的顺利进行十分重要,恰当的开场白有助于调解员与当事人之间建立信任,促使当事人遵守调解员所制定的调解规则,并且可以发挥以下功能:

1.降低当事人诚惶诚恐的心理压力;

2.进一步明确调解员及当事人在调解活动的角色及其各自的作用;

3.澄清及确立当事人在调解活动中享有争议解决的自主权(调解自主权);

4.调解员制定调解规则(解释调解相关的法律法规),确保调解活动的秩序;

5.调解员与当事人建立信任及当事人充分理解调解员在调解过程中所行使调解程序的控制指挥权;

6.调解员介绍调解程序及有关资料;

7.确立调解员的中立性,加强当事人对调解员的信任。

在调解实践中,调解员往往比较多地在开场白内涉及以下各项:

1.赞赏当事人的明智选择,主要内容是称赞当事人选择调解方式来解决他们之间的争议是一种明智、理性的选择;

2.向当事人介绍调解的程序。实践中富有调解经验的调解员往往会突出强调:调解的前提是理性。任何一方当事人既考虑对方是否理性,更重要的也需要考虑自己是否理性;调解员应当向当事人传导积极的调解理念:调解的基本原则是双方当事人的共存或者双赢,也就是共存或者双赢是共同的基本底线;调解成功与否的核心是利益内涵,而不是道德对错或你死我活的对抗;调解是以利益为导向的,调解成功实质上就是双方利益的再平衡。

3.询问并确认当事人是否自愿继续参与调解;

4.向当事人解释调解的作用及目的;

5.解释调解员的权利与义务;解释当事人在调解中享有的权利及应承担的义务;

6.解释调解员的中立性、独立性及调解员的责任;

7.向当事人宣布调解规则。调解员往往在调解规则中特别强调:当一方发言时,另一方不可以阻止或干扰;不得在调解中使用诋毁人格等侮辱性或攻击性语言;

8.向当事人解释调解的保密及调解不影响当事人行使其他权利的原则。

(二)解释并确认调解基本规则

在调解实践中,调解员往往会根据法律法规的规定,结合自身的调解经验,制订通俗易懂的调解基本规则，一般而言，调解员应当在调解初始阶段重点告知当事人以下调解规则：

1. 调解的性质及调解员的责任

(1)调解是一个当事人自决性质的解决争议的程序，解决纠纷的责任应由争议双方当事人承担；

(2)调解员在调解过程担任促进者的角色，其主要的任务是协助双方当事人在充分获知相关信息的基础上达成自愿的解决方案。在任何情况下，调解员都不应代替任何一方当事人做出重大决定或者强制双方达成协议；

(3)调解员为调解程序的主持人，依法享有主导调解程序的职权，具体包括：

①指挥调解的进行并维持调解程序；

②允许双方当事人进行相关案件的事实陈述和辩论；

③调解员有权向当事人发问；

④有权确定并且邀请相关人员出席调解会议并协助调解；

⑤调解员在评估双方当事人参与调解意愿的基础上，有权暂停或终止调解，并建议双方当事人接受适当的专业协助或者选择其他解决争议的途径。

2. 当事人的权利与义务

当事人在调解活动中享有下列权利：

(1)接受调解、拒绝调解或者要求终止调解；

(2)要求有关调解人员回避；

(3)要求调解公开进行或者不公开进行；

(4)自主表达意愿，自愿达成调解协议；

(5)法律、法规规定的其他权利。

当事人在调解活动中承担下列义务：

(1)遵守调解秩序。要求当事人尊重对方的发言权，一方当事人在陈述的时候，对方不可干扰，以利于调解员能够聆听各方当事人的陈述；

(2)如实陈述事实，提供真实证明材料；

(3)自觉履行调解协议；

(4)法律、法规规定的其他义务。

(三)引导当事人陈述案件事件及调解诉求

调解员宣读开场白、确认调解规则后，应当邀请争议一方简略陈述争议事实及个人的调解诉求，一般来说，调解员为了体现中立立场，应当向双方当事人征询：哪一方当事人希望首先发言，以免影响当事人对调解员的信任。如果双方都不愿意首先发言或争夺首先发言权，调解员可以抛掷硬币来决定谁首先发言。

调解员应当向当事人双方强调：切实遵守调解基本规则，任何一方在发言中，对方不准做出任何干扰，若当事人双方有律师代理人出席参与调解，调解员应邀请当事人首先做出有关陈述，然后让其律师做出补充，再引导当事人对每一项要点加以详细叙述，协助当事人总结有关观点和事实。

当一方当事人发言完毕，调解员必须立刻地总结其观点、事实及诉求，给予发言方澄清及纠正(若有错误)的机会，好让调解员清晰了解引发冲突的真正原因，同时，也让当事人感受到调解员的专心聆听。

一方当事人陈述完毕后，调解员可邀请相对方陈述其本身的观点及有关事实，然后再引导当事人对每一项要点加以详细叙述补充及协助总结有关观点或事实。在陈述完毕后，调解员亦可立刻简略地总结其观点、事实及诉求，以利发言者澄清及纠正。

在这个阶段，调解员必须用心聆听及注意观察当事人的反应与感受。如果当事人聆听对方的观点及立场时，反应激烈、举止异常，调解员必须及时提醒当事人遵守调解员制定的调解规则，即在一方发言时，对方不能实施任何干扰举动。同时，调解员也要强调当事人的敌对情绪与异常行为非但不能帮助他们解决纠纷和达成协议，反而会引发新的纠纷和冲突。调解员必须维持及执行相关调解规则，否则将会无法营造平和、安全及和谐的气氛和环境。

在调解实践中，调解员也往往会发现当事人个性差异和表达能力的强弱。因此，此时，调解员需要鼓励懦弱一方当事人面对有关困难，并且以务实的态度去解决问题，避免产生对立的状况，必要时，调解员应界定讨论或争执的范围，以免当事人节外生枝，远离议题，浪费时间，调解员亦须推动他们彼此积极地互动与协商，协助当事人彼此认识对方的个人及共同利益、需求及困难。

三、调解初始阶段的实务技巧与策略

(一)积极引导

调解员在清楚地说明了调解程序以后，往往会要求当事人针对自己申请调解的事由、目的及诉求进行陈述，接着也会请另一方当事人陈述自身的立场与想法。此时，调解员所要掌握的一大技能就是积极地引导当事人进行陈述，让双方当事人之间得以开展积极、有效的对话，协助双方当事人围绕核心主题展开对话，并在对话当中更为明白彼此之想法，而非鸡对鸭说之各说各话。

【调解实录】

那，王女士啊，我说你今天就是申请调解这个家庭暴力的部分，那我们会先请你说明一下今天申请调解的目的是什么？对，因为你今天来申请调解一定有你的要求与想法嘛，你申请(调解)的主要要求是什么？我要先了解你的想法在哪里？我才有办法针对后面去调，就是先针对你的主要要求来加以探讨。具体来说，就是你今天申请(调解)的主要目的是希望你老公怎样做?你就是将的你的要求,一条、二条,……讲讲清楚。

【调解实录】

(调解员自我介绍结束之后)现在,王先生啊(当事人)能不能先请你,具体地说一下你的诉求是什么?你向我们讲讲清楚你到底是想要离婚还是想要求你老婆回家共同生活?

(二)倾听

想了解当事人的真实意图,调解员应当倾听当事人的陈述,在倾听时,调解员必须保持足够的耐性,而且全神贯注。特别留意当事人的遣词用字、细节、音调,也要注意当事人是否在重复某些观点?当事人的陈述是否离题?认真地倾听可能产生两项功能:一是表现调解员对该案件基本事实的关注;二是趁此观察当事人双方的神态和举止,进而确认调解员此前所收集的信息有无偏差,需不需要调整。

倾听不单是只顾及内容,还要用自己的语言来复述、转述对方的意思,从中看看自己是否误解对方及令对方觉得你是留心他的说话,这些都是良好沟通的关键,要做到这样,自己必须细心观察对方,并需具备耐心去倾听完毕对方所说,才可准确及扼要复述对方的意思。

怎样才能让当事人感受到调解员在全神贯注地倾听自己的陈述呢?首先是以肢体语言,例如眼睛不经意地放出兴奋的眼神、稍微歪着脑袋倾听,来传达你的善意,要有耐心地听,避免从中插嘴,或做某种动作阻碍对方说话;其次就是针对当事人所提出来的立场和说明,提出进一步问题,若一时之间未能及时反应提出问题,则应做简要整理,向当事人重述并做确认。

倾听当事人陈述的第二层目的是拓展自己的思考问题的空间,让自己能够多获取当事人的信息以及多观察、多思考的缓冲空间,更好地在综合当事人双方之观点利益的基础上,从而提出适当的解决方案。欲成为一位有效的倾听者,调解员必须避免出现最常见的不良倾听的习惯:

1. 对主题没有兴趣,调解员不愿意静下心来听取当事人的意见,反而一开始便对当事人的陈述内容没有兴趣;

2. 过度地受当事人姿态的吸引,受当事人情绪语词的影响,过于注意某一方当事人的观点和立场,使另一方无形中感到调解员的偏袒;

3. 偏听偏信。调解员刚听到某项自己不同意的意见时,便不愿再听下去,从而将对方的其余观点一概抹杀;

4. 仅重视事实而未注意案件引发的原因或推论;

5. 过分重视条理,对于当事人说话欠条理……,不愿深入斟酌当事人陈述所包括有益的内涵和信息；

6. 对当事人先入为主，成见在先；

7. 对于当事人陈述所涉及的专业性术语不求甚解；

8. 分心、游离，专注于思考力忽略倾听。一般而言，由于说话速度远低于思考的速度，在实践中，调解员在倾听当事人陈述过程，特别是当事人毫无激情、慢条斯理的陈述，也会游离与分心。

（三）积极干预（截断与制止）

在调解过程当中，尽管基本上调解并无限定时间，但为避免调解时间过于冗长及提高调解的效率，调解员往往会视当事人的陈述情况酌情予以截断，并且让对方当事人可以开始或继续叙说。制止是指在调解的过程中，对于双方当事人具有高度情绪化的用词或者对话，调解员需要及时、主动地制止当事人间无效的沟通方式，以避免双方当事人间的冲突和矛盾升级，并请当事人务必将陈述的核心聚集于调解主题上，方能有效促进调解之进行，鼓励当事人针对彼此之诉求（需求）进行直接的沟通。

与此同时，调解员应当多使用正向、积极的词汇，及时肯定当事人之间存在的积极、和谐等有助于调解的内容。

【调解员自述】

男方讲完了之后，那个女当事人会反驳啊，我听了一会儿，啊，有时候他们想讲的时候，就让他们去讲，发泄一下啊，让他们两个去继续讲，两个互相去争吵嘛，吵一吵啊，我听一会儿之后，知道了双方当事人争吵的内容和原因，我就会说："啊，这样可以了，我知道了，你们吵来吵去，争的事实是不是这样啊？（简单复述事实），是不是这样啊？"

【调解员自述】

那天，当事人说她丈夫为什么会打她，她当然从头至尾地，说整个过程嘛，一定是没完没了嘛，我告诉当事人让她主要讲要点、讲核心。但是，当事人就好像认为这样还讲不够啦，还是没完没了一而再，再而三地讲啦，当事人往往担心调解员听不清楚啦，就说……说……说了很多，这样子再讲下去的话，几小时也讲不完，我就会主动地告诉当事人，你所说的事实，我大概知道了啊。我可能会简单地复述当事人的叙述内容，以示我真的清楚了她所讲的内容。

【调解员自述】

就是会有一些当事人一直说他多苦多苦，讲很长，可是另外一方当事人都没有机会来表达自己的观点，那我就会截断，请他先暂停，请另外一方当事人陈述。

【调解员自述】

我是会自己出面阻断的，就是假如有人一直说怎么样，一直不停地说，那我就会截断，我就会说："我刚刚已经听到你说什么，但是我也想听听太太说什么。"就是这样啊，直接截断啊。

【调解实录】

你看喔，你们在过去的婚姻关系也是有很多不错的时候啊，看得出来啊，你们也曾经很恩爱啊。

【调解实录】

……嗯……你其实，我们也都知道，呃……比如说我们在这边就是为小孩子嘛，那你们一直在争夺这小孩子的抚养权也看得出来，你们两个其实都很……呃……很愿意为你们的小孩做一些辅导，也很在意小孩子的这个成长，这是很重要的。

（四）鼓励倾诉与认同

在双方当事人陈述过程当中，调解员不时会通过如微微点头、专注的神态来向当事人表示鼓励与赞许。

微微点头等肢体语言往往能够反映出调解员对当事人陈述的接纳与鼓励，让当事人能够继续表达其想法。而专注的神态则可以透过眼神、手势、姿态及适当的言辞反映出调解员对案件事实的重视及用心，更是鼓励当事人能够自由自在地表达其观念和想法，让当事人产生安定感，不管是一个多么紧张、愤怒或冲动的场面，当一方在专心倾听的时候，整个紧绷的气氛无形中已被缓和了。

调解员在双方当事人表达各自的想法与感受的时候，时常会借助认同某一方当事人的看法和立场的方法，来支持这方当事人的感受、想法，一般往往是站在相对弱势一方当事人之立场来了解双方的立场与观点。然而，调解员使用认同的前提是需要与双方当事人建立基本信任关系。

【调解员自述】

作为调解员，你一定要先听完他们（当事人）想做什么，因为来调解一定有诉求与想法嘛，那我们就是要先静下来，专心地先听一下双方的陈述是怎样，而且尽管可能不会认同当事人所说的观点，但是我们也是给予尊重嘛。

【调解员自述】

他们两方就会一直说嘛，那就是让他们各自有一段时间，但不用太长，就是各自能够有一段时间来陈述他们为什么会这样做的想法，也包含抱怨啊，那在这段时间就是要让他们可以自由地畅所欲言，这时候就不要去干扰他们，先好好地听听他们的说法，那偶尔也要轻微点头表示一下你的肯定。

【调解实录】

你说你们婚姻都没有办法沟通了，可是我看到其实你们都很努力在告诉对方自己的想法，真的很不错啊！其实夫妻之间的沟通很重要的，你们之间沟通还不错啊！真的！

【调解实录】

调解员：你（男方当事人）为什么要去打她（女方当事人）？啊？

男方：她老是抱怨我没有本事，不会赚钱，非但在家里经常数落我，而且也不分对象，不分场合，甚至在我朋友面前、邻居面前都会说我什么本事都没有，只会赚点死工资，只要她心里不高兴，就要拿我出气。

调解员：（女方当事人）他说的是事实吗？

女方当事人一言不发。

调解员：这个你就做得有点过分了，每个男的都会讲面子的，你这样做的确伤害了你丈夫的自尊心，你老公心里肯定有一大堆的牢骚和埋怨啊！但是，小李（男方当事人）啊，今天，我作为调解员不得不严肃地向你指出：你打老婆的行为肯定是错误的，纵使你有千条理由、万个委屈，也不能出手打人啊！毕竟这个是老婆，这不是娶来打的，是要娶来疼的，所以说啊，今天你们之间问题怎么解决，我先放一放，我先要求你，小李，对自己打人的错误行为向你老婆认个错，道个歉。小李，你看行不行啊？

男方当事人犹豫不决，不愿道歉。

调解员：小李啊，做个男人，要敢作敢当啊，虽然你老婆偶尔会数落你，但是，你这个家经济状况的确也真的不算宽裕啊！作为一家主妇，每天都要开销，手头难免拮据，心里面有点报怨牢骚的，甚至有点怨恨，也很正常啊，但是，你要知道你的老婆还是一直与你同甘共苦，不离不弃，你作为一个男人，给你老婆认个错，道个歉，又会怎么样啊？是没面子做人了？还是天要塌下来了啊？

小李非常勉强地向妻子承认了错误，调解氛围开始缓和。

（五）疏导与安抚

当事人在案件陈述的过程中往往会有强烈的情绪反应，或愤怒，或悔恨，或者痛苦，等等，调解员尽可能地充分理解当事人心情，使其能充分表达情感，如此亦将更可以激发双方当事人多说话，多表达意见。当然，在当事人表露情绪的同时，调解员也恰当地安抚方对当事人的情绪，疏导其较为激动的情绪反应。

【调解员自述】

就是让他们宣泄情绪这样，对！等于说是给他们丢垃圾，那垃圾丢一丢之后，也许很多人其实他们都很聪明，那垃圾丢一丢其实他们自己会想到方法，有一些人没有办法排泄这个情绪的时候，说话就会很冲，所以为什么会有暴力，这个也是原因啊。

【调解员自述】

所以我刚刚才说在两个都不认识的状况下，我要如何下手？一定是要先让对方宣泄一下情绪，那他们在宣泄的过程当中，会诉苦啊，苦的原因就会出现，那么，这一方诉苦以后，我也会让另一方稍微讲一下，人家也不可能无缘无故都欺负你嘛，就这样讲一讲，发现原来症结是这一个，然后再慢慢地切入主题，对！症结点找到了嘛。

【调解员自述】

有的（当事人）会比较激动的，那我们会先请他出去冷静一下，就是说不相干的啦，因为有的是亲朋好友陪同，他们反而没有办法冷静，本来是要来协助的嘛，反而成为制造事端的人，让他们双方不能好好谈啊，那我们就会请他们先去外面。

【调解员自述】

像有的时候当事人特别是女的当事人的情绪反应会比较激烈，讲得非常的激动，甚至还会开口骂人啊，那我们就会劝她，安抚她，那她们多半会接受啦。我会劝说（她们）来这边的目的就是要调解嘛，你来到这边，你的目的是什么？要很清楚，不是来骂人的啊！那些骂人的话，骂一骂就算过去了，至此为止，伤人的话，你们都绝对不要讲，你们再讲这些话的就绝对调解不成啦。

【调解实例】续上章

时间：2013 年 7 月 12 日上午

地点：某调解中心的会议室

人员：当事人孙国美（孙大姐，简称孙）、李亮（孙大姐的丈夫，简称李）、孟华丽（简称孟）、调解员张征（男，简称张调）、调解员徐根娣（女，简称徐调）

张调：各位当事人，也是我们的邻居，欢迎来我们的调解中心。昨天我们应当事人孙国美的请求，受理了孙国美与李亮之间的家庭纠纷，今天，我们通知了孙国美、李亮和孟华丽参加调解，你们是否愿意接受我们调解中心的调解？（孙、李均点头示意同意调解）首先我向各位宣布调解纪律。

孟：（哭哭啼啼）这个日子叫我怎么过啊！（怀抱着小孩，一手擂着椅子）说不好的，我不要任何人来说。

徐调：（耐心地开导）所以嘛，我来帮你啊！帮你来解决这个问题啊！

孟：说不好的，说不好的，今天。（有点失去理智）

张调：孩子都生出来了，你打算怎么办啊？不解决，等小孩大起来，自己来解决啊？（小孟抱着小孩，走到调解室门边，欲走出调解室拒绝调解。）

徐调：（极力地劝导）我跟你说啊，我跟你说啊……我跟你说啊。不要这样嘛！来都已经来了，那就坐下来吧！

孟：现在情愿去死，马上去死。我不愿意过这种日子。

张调：（马上接上话）你不愿意过怎么样的日子？

孟：（发怒地面向李亮）他今天要跟我走，我过不了这样的日子了。他不应该把我骗成这个样子。他不应该跑到贵州来骗我。

张调:(假装听不懂孟的讲话意思)谁骗你呢?他怎么样了?(鼓励倾诉)

徐调:这样对小孩,这样对小孩呀。小孟,有些情况,你跟我说啊(孟撒手走出调解室大门,徐调解员紧追着跟了出去,拦住了孟,在劝说下,孟再次回到了调解室。)小孩子已经是既成事实了,是无辜的。

张调:你打算怎么办?

孟:(口气十分肯定)我就要这个男的,其他,我什么也不要了。

张调:你现在就要那个男的吗?

孟:我就要这个男的跟我一起过日子。

张调:可是他现在是有婚姻的,是有家庭的啊。

孟:(发怒状)他有家庭!他有婚姻!他自己去处理好了。他骗我干吗?

张调:他当时怎么骗你的呢?

孟:当时他说他老婆死了。

张调:哎呀,这个事情是真的啊?!(惊讶)

孟:去问他好了,你们去问他好了。

张调:(没有理会孟的态度)现在我有必要向大家宣布调解纪律,一是调解过程中任何一方均不得无故退场,如果有一方退场,视为拒绝调解,我们将中止调解;二是大家在调解过程中,不得随意插话,更不允许相互争吵和谩骂;三是讲话要讲顺序,别人还没有讲完的时候,不要心急地抢着发言,一个一个地讲,我们会给大家足够的说话时间的。总之,大家来调解了,都要有一个正常、理智的心态,实事求是地讲问题,你们看,好不好?小孟,你说好不好?

孟:(抽泣着)点头示意。

张调:你们之间的事情经过,大致也清楚,过去的就(让它)过去吧,主要是今后你们怎么过日子?所以啊,以前的情况,大家没有争议的话,就不要再说了,特别是细节问题,吵来吵去,有什么意思呢?我们都要牢记一点:大家是来解决问题的,是为了今后能够舒心地生活,而不是吵架的。所以,我想听听你们对这个问题的意见。李大哥,要不,你先表个态?(着眼于问题的解决,而不纠缠于过去纠纷的细节,引导当事人立足于现实。)

李:我说错……错嘛就错在我,我把她们两个都害了,但是,我能给她们两个好日子过的。

张调:现在你看到了,你们的日子并不好啊!你也没有给她们好日子过啊!(很好,击中要害)

李:是啊,是过得不好啊!没有意思啊!

张调:那要怎么过得好呢?(引导)明明是过不下去的日子,怎么好过呢?

(李亮没有回答,抽起香烟,陷入考虑之中。)

孙:我跟他结婚都已经有28年了,我们夫妻感情是蛮好的,家庭也蛮好的。你说你中间插了进来，你说我这个(日子)怎么过啊？(孙大姐的态度是非常正面的，一直强调她与丈夫的感情很好。)

孟：什么？是我插进来的？我怎么知道他是有老婆的啊？你最好去问问你老公。

张调：他当时怎么跟你说的？

孟：他说他和他老婆离婚了。

张调：嗯，那当时你？

孟：当时我就选择跟他在一起了。

张调：那当时你也是上当受骗的那种了？(语言重组，以建立与孟的信任)

孟：对啊。

张调：在一起多久以后，你发觉他是有老婆的？

孟：我怀上了小孩以后才知道的。

张调：你们在一起多少年了？

孟：我们在一起六七年了。

张调：那你们在一起六七年，还不知道(他有老婆)？

孟：不知道！一直不知道。

李：开始是不知道的。到最后，她也知道了。

徐调：这个小孩你们是什么情况下生出来的？是你们刻意想要的？还是意外怀孕的？

李：那是我们在一起时间长了，有感情的。我说既然在一起，没有小孩嘛，也是没有意思的嘛。

徐调：要小孩是你提的？

李：哎！是的啊。

孟：他说现在经济不怎么好，等到经济好起来了，我们再结婚。他承诺给我的。他承诺我等小孩出生，承诺给我买房子。什么东西他都承诺过，你去问他好吧？

徐调：那，孙大姐，你是不是说你们夫妻感情很好的？你老公对你也是很忠的吧？(徐调解员此时已经意识到调解方向出现了偏差，赶紧重新确定调解的方向，即努力地劝说孙大姐与李亮夫妻之间的和好，共同来处理小孩的抚养问题。反应及时，控制到位。)

孙：是啊！是挺好的。

徐调：你们夫妻感情怎么样？

孙：蛮好的，感情蛮好的。

徐调：李大哥，你承不承认你和你老婆感情还可以？(强调夫妻的情谊)

李大哥：承认的。

徐调：既然你和你老婆感情好，两个人还有儿有女了，你当初怎么会选择和小孟在一起呢？你是怎么考虑的？

李：我当时是考虑在一起嘛，我尽到我自己的责任。

孙：我现在肯定是要我的老公，要这个家的。

孟：现在我带着小孩去嫁人，谁要我啊？谁要我啊？（在不经意的对话中，小孟终于流露自己的真实想法。）

孙：我要我这个老公。

（孙国美与孟华丽发生剧烈的争吵。）

孙：我与李亮是原配夫妻啊，合法夫妻。你，小孟是第三者，我就是不允许我老公与她在一起。绝对不行！

孟：李亮，你说说看，这个孩子是不是你的？你当着大家的面，说一说，小孩是不是你生的？（气愤至极），你们评评看，到饭馆里去点菜，菜都已经下锅了，可现在，你却提出要退菜，那你说可能吗？不可能的！李亮，你口口声声地说会尽自己的责任的，会尽责任的。但现在你尽了啥责任呢？（孟不断地给李亮施加心理压力。）

孙：你凭啥子，要他负起责任噢？

孟：哎，怪事了，我都为他生了小孩，他还不要负责任，怪事嘍！

孙：你把和他的结婚证拿出来啊。结婚证拿出来（孙大姐手指着小孟），拿不出结婚证，没有结婚证，这个孩子就不是他的，这个孩子就是野种啊！（冲突不断升级，言语也不断地激化，但是，矛盾的焦点也已清晰展示出来。从表面上看，似乎是两个女人之间的争吵，但是实质上还是李亮的立场与态度。）

孟：这个孩子不是他的啊？这娃儿不是他的啊？

孙：你把结婚证拿出来啊？你拿不出来，孩子就是野种。那是野种啊！你有本事拿出结婚证来啊！（孙大姐得理不饶人）

徐调：你不知道他有老婆的？

孙：你说你不知道他有老婆，他和你在外面过了多少夜啊，你们经常在一起，经常的啊！（气愤着）

徐调：我觉得你们这两个女人之间不应该这样争吵，你们在这个问题上也都是受害者，所有的错都在李大哥身上。（很好！调解员再次及时转移调解的方向）

李：我也是这样想，我承认我做错了。

张调：那现在你就应该当机立断，在这两个女人之间怎么来处理啊？右边是你的妻子，左边是你的女友，并且这个女友还不是一般的女友，已经是为你生了孩子的女友。那你的态度是怎么样的？请你明确地告诉这两个女人！怎么个明确的办法来解决？（趁热打铁。及时开导，帮助当事人澄清立场。）

李：我说家嘛，我是要的。小孩呢，我也是会管到底的，要说我跟她（小孟）分开的话，也是要给点时间的！（李亮对维系与小孟的关系还是心存幻想的）

张调：多长时间？多少时间也要让你女友知道啊。

李：（左顾右盼，不断地打量孙大姐）最少需要一年时间。

张调：那一年以后，你和她正式分开，是吧？（进一步澄清）

（李点点头）

孙：我不愿意。

孟：不可能的！我要小孩长大了，长到 18 岁！

李：难啊，哎呀，真的很难啊！

张调：不可能两者齐全的啊！（很好，直接提醒李大哥面对现实来解决问题）

虽然调解陷入了僵局，但是，经过三方当事人的争吵，调解员的开导，事件的焦点已经越来越清晰。首先，李亮必须面对现实，合法的夫妻与背伦的婚外情不可能同时并存，必须做出选择。其次，对小孩的抚养问题，也是事件的另一个焦点问题。虽然在调解的聚集阶段，调解员根据调解的实际状况，还没有触及此实质问题，但是，点题点到了。

第八章　调解的聚焦阶段

在调解的初始阶段，当事人各自表述对案件事实的看法及各自的立场与需求，可以说在调解初始阶段，是当事人立场与观点的展示，当然，由于利益差异、立场不一，再加上当事人的表达能力的所限，可能出现当事人词不达意，无法完整地表述自己的立场与观点，也可能因情绪无法平和，在表述意见的过程中，当事人便出现你一言、我一语的语言攻击，调解工作陷入僵局。如何缓解调解氛围，聚集当事人争议的核心，寻找各自利益的交集，是此阶段的重要任务。

一、调解聚焦阶段的工作目标

（一）善解人意，及时归纳

善解人意，即是对调解员的工作要求，也是调解员说服、劝导当事人的工作原则。首先，调解员需要对当事人生活处境、工作压力、情绪焦虑等予以宽容与理解，特别是当事人情绪激动，相互谩骂或冲突时，保持冷静、克制的态度，及时控制局面，或避其锋芒，迂回调解；或认真倾听，任其宣泄。其次，调解员应当努力向当事人传递尊重他人、与人为善的处世理念，懂得相互接纳、相互合作、相互融洽。及时让当事人恢复理智，以平和的态度来看待他人，努力地挖掘和发现他人的优势和才华，尊重和宽容他人的脾气和个性，容忍与谅解他人的缺点与不足，心平气和地面对一切实现的纠纷与矛盾。

调解员控制调解局面，主导调解方向，在当事人陈述观点与立场后，需要及时捕捉当事人信息；准确判断、确认当事人信息的真实含义，并做出积极的、适时的总结，归纳、排除信息干扰，总结核心，确保调解顺畅与有序。

（二）增进理解，寻求共鸣

调解之所以会陷入僵局，很大部分的原因是争议双方并不晓得实际所需的利益，只会把焦点放在如何攻击对方，千方百计地去阻止对方获得比自己更大的利益，而不会聆听对方的陈述，被僵硬的立场套住，无法进行有益的、建设性的讨论。

因此，调解员必须引导当事人如何向对方表述利益，让他们的忧虑、需要或需求可被列入讨论议题，一起讨论协商。否则，调解员将无法找出争议的源头，彻底解决他们的冲突，寻找争议双方可以接受的和解方案。

在调解实践中，一般当事人往往只懂得按自己的立场向对方表达自己对争议问题的观点及诉求，就是说，当事人只会以满足个人利益或需求为出发点，而不懂得以解决问题为出发点进行协商谈判，因此，争议双方只会不断向对方施加压力，使用各种手段来打击或威吓对方，迫使对方妥协让步，从而取得最大利益和最后胜利，成为大赢家。可是，完全从各自立场出发的对话，只会迫使对方的立场更加坚定，使调解协商陷入困境。因此，调解员应该想尽办法来引导当事人远离立场，指导当事人围绕利益而开展对话。

调解员可尝试邀请争议当事人谈论他们的忧虑，从而引导他们说出自己的需求、利益及立场，继而及时理清双方当事人所面对的现实问题。在这个过程中，调解员可以尝试把这些焦点替代个人自我的观点或立场，以客观的问题作为双方调解焦点。这样做的目的在于让双方当事人能够更为理解彼此，知道各自之想法与感受，并在此基础之上引导双方当事人进行有效沟通，进而能够找到共鸣点，以促进协议的达成。例如：离婚一方要求取得未成年子女的抚养权。调解员可以不理会这些要求，反而引导当事人把焦点放在其他更高层次的事项，比如，如何在离婚后继续做好父母的天职，提供子女成长所需，使他们从个人争取抚养权立场改变为如何妥善照顾子女的责任。调解员这样做是把当事人争取权利的立场，改变为面对照顾子女的责任讨论事项，让争议人冷静地讨论如何在离婚后继续妥善照顾子女，因为一般人只会争取权利而不是义务，因此，若调解员能善用这个重要技巧，就可以引导争议人放弃立场，朝着满足他们所需要的方向进行协商。然而，值得注意的是，如若调解员认知到双方当事人由于彼此意见或想法歧异性过大，调解可能性极为渺茫之时，还是应当及时暂停或停止调解。

（三）权衡利益，保持公平

从法律角度来讲，调解员在调处案件时，在当事人陈述案件事实以后，不必急于寻找案件应适用的法律法规，而是综合把握案件的实质，结合社会环境、经济状况、价值观念等，对双方当事人的利益关系进行比较衡量，对各种利益的重要性的评价及利益的选择和取舍，而这种选择和取舍，必须要求公平正义和讲求效率。

利益衡量的功能主要表现在对各种利益主体的权利做出衡量和评估，以及为协调利益冲突提供恰当的标准。在此阶段当中，更为重要的是，给予在调解过程当中较为弱势的一方必要的支持与鼓励。

二、调解聚集阶段的工作步骤

（一）总结当事人的观点

调解员在聆听双方的观点、事实及诉求后，应当立刻总结双方的观点、立场、事实及需求，并且记录及总结当事人所陈述的事项，并向当事人复述一次，以便让当事人审核及纠正任何误解和遗漏，加强当事人对调解员的信任，凸显双方的共通点及双方认同的事实，并让双方聆听彼此的观点、立场、事实、需要及需求，以利调解员营造一个友善、融洽的气氛。

（二）探研引发冲突的原因

1.倾听当事人陈述之事实理由后，研判冲突、矛盾的症结所在；

2.指导双方当事人进行简易的言辞辩论；

3.如有必要，可提供足以证明事实的证据材料；

4.努力督促双方当事人实事求是地尊重与真实地发表感受；

5.与当事人研讨了解问题的症结所在。

（三）寻求解决方案

1.运用技巧探求双方当事人可接受的解决方案；

2.将双方提出的方案一一列明，并且逐个讨论各方案的可行程度；

3.如有必要，将双方分开个别沟通或劝导其可接受之方案；将双方个别分开沟通解决方案，亦可由调解员说明法令规范，对利害关系做必要之分析，让当事人真正了解如何选择解决方案，无须意气用事，影响解决之时机，亦可借此缓和双方情绪，但须注意阐明权的合法合理运用，以免造成对当事人不公平的感受。

4.确定双方均完全了解所提解决方案的内容细节；

5.征求双方意见，较愿意接受哪一种解决方式；

6.试问双方是否以最接近的方案为解决方案；

7.确定双方当事人愿意接受某一解决方案。

三、调解聚焦阶段的实务技巧与策略

（一）换位思考

调解员应针对当事人的调解主张或抗辩，以反向思考的方式，置身于当事人的立场，“如果我是当事人，碰到此问题，我会如何解决?”“如果我是当事人，我会提出哪些要求和主张?”“如果我是被申请人，我会采取何种对策?”调解员及时地换位思考，才能真正找出当事人之问题，才能将心比心，站在当事人之角度思考问题，进而从双方当事人的利益着眼，考虑双方当事人的利益，拟定适当的调解方案，促成当事人之调解，进而解决当事人之纷争。特别是伤害或者交通事故赔偿等案件，调解员若没有换位思考的意识，就不能真切地感受到当事人内心的伤痛，往往会让被害人或其家属感到隔靴搔痒而无法与调解员建立真正的信任关系。调解员的换位思考不仅能够明了当事人为何对某些事情有所坚持，对于某些事情愿意让步，而且也有助于调解员与当事人间构建信任合作关系，这样，自然容易使当事人接受调解员的想法或建议。

(二)探究与问话

在双方当事人开始不断陈述的同时，调解员非但需要专注倾听，并且从中探讨及询问双方当事人相关之问题，目的是能够从中探究出双方当事人冲突或问题症结所在。

【调解员自述】

首先家庭暴力的原因一定要先探究出来，所以就是要去问双方当事人一些问题啊，那在问的当中，很自然地就从中透露出很多的相关信息嘛，那就要试着去抓出关键。

【调解员自述】

调解员不知道案件争执点(症结)，你如何调，对不对？你不知道原因如何调，那(女方当事人)开始陈述以后嘛，我们就会说，刚刚你老婆的这一些话，你听到了没有，你对她的说法有没有意见，一般情况下，男方在听到我们调解员的提问时，他就会说，他为什么会打她，就是因为她怎样怎样，他也会开始讲嘛。

【调解员自述】

然后女方就会讲老公打她怎样，她就会一直叙述啊，叙述之后老公在旁边嘛，我们就会问：刚刚你老婆讲的这些事实，你有没有什么意见？让他知道他老婆是不是在说谎，如果他不肯承认啊，那他有时候说不是这样，他就开始补充了啊。

调解员在询问的过程中，往往会使用循环问话，即调解员在当事人陈述的过程中，常常会将双方当事人的注意力引导到同一个问题，轮流询问双方当事人的意见，目的是尽可能让双方当事人的陈述能够聚焦在某一具体问题上。

【调解员自述】

就是他们在讲的过程中啊，等到(妻子)讲完了之后，“那现在请先生，那你看哦，刚刚太太对什么什么事怎样想的？那不知道你对这个问题的想法是什么？”就是同个问题轮流问他们双方的想法。

【调解员自述】

就轮流问啊，他们说很多很多，譬如说：“先生你对什么的想法是这样，那不知道，太太，你对这个问题的想法是什么啊？”

(三)确认与澄清

调解员往往会借助双方当事人在陈述过程所透露出来的信息，依据其调解经验与认知，形成对调解拟解决的核心问题的初步的个人看法，并以精简的语言再次地向当事人进行确认，以确保理解不致偏误，此外，调解员也会针对双方当事人在陈述中较为模糊不清之处，再加以询问与确认，有的调解员也会运用调解申请书上所载之资料，向当事人确认其需求为何。

【调解员自述】

听完当事人的陈述之后，调解员就要问问题嘛，因为当事人往往会说出他们的很多想法，很多的需求，反正一定就是有很多很多的信息，很乱啊，这个时候调解员就要很快地过滤这些模糊不清楚的信息，接着就是调解员往往会形成对纠纷的理解与认知嘛，那就再反映出来，反问当事人："刚才你说的内容是不是这个意思吗？是这个意思?"就是把认为模糊不清楚的地方，再跟他们确认澄清一下。

【调解员自述】

就讲一讲，那有时候发现到她(申请人)说的和调解书上写的不太一样，比如我会问："你的调解申请书所提到的，好像跟你刚刚讲的有些不大一样。"就是会把那个申请书的资料当作一个确认跟澄清的工具，也去注意说是不是有什么变化。

他们终于开始啦，开始讲，他们想怎样怎样，一大堆模糊不清的内容，所以你就是要赶快地抓线索，听到了，然后就去理头绪，自己先形成一个对当事人陈述的理解，用比较简短清楚的话再反馈出来，问他们说："刚才你们说的是不是这个意思啊？那事实的情况是不是这样的?"譬如太太说了一大串的话，调解员听了以后就会说："所以你的意思是说，你其实内心不是想与他(丈夫)离婚，你其实是要他回来，是这样吗?"然后她就会说："对啊，就是这样啊。"反复跟当事人确认我们听到的内容是否与当事人所表述的意思有出入。

【调解员自述】

当事人就会说他们的想法啊，需求是什么啊，有很多很多的信息，很乱啊，那调解员在听当事人陈述以后就会问当事人："你刚才说的是这个意思吗？你刚刚说的什么什么，是想要求你邻居赔偿损失的意思吗?"对啊，就是模糊不清楚的地方，确认清楚，问清楚啊，调解员要重复地问当事人。

(四)自我开放与经验分享

自我开放指的是调解员在适当的情境下，将自己的经验、行为、感受及想法与当事人共同分享，在逐渐明白了双方当事人间争议之原因及冲突之症结后，调解员会适时地与当事人分享自身的经验，除向当事人表达人与人之间产生纠纷或者冲突，从本质上说，应该是很正常的事情，并且亦借机鼓励双方应该试图去化解彼此间冲突，而非继续加深彼此的对立与对抗。

【调解员自述】

就会跟他们说，夫妻吵架很正常啊，像我那个谁谁，也曾经怎样怎样，夫妻之间凭良心讲我们没有那么的啦，我跟老公也是会吵，就是要让他们知道其实大家都是一样的，就是都会有一些冲突嘛。没有跨不过去的河，努力地鼓励双方当事人去解决问题克服障碍。

开导主要是指调解员在当事人陈述中，如果发现当事人提及了令人不悦或者容易引发冲突的行为或经历，则会将当事人所提及不好的行为，重新诠释赋予新的意义，用正向的词汇，将当事人引导到比较正面、理性的方向去思考。

【调解员自述】

因为我觉得你再讲那些负面的东西也没用啊，你看某些东西还有再加上互动，可能会比较好一点，我是觉得人这方面应该蛮重要的，因为我们自己也是一样啊。

【调解员自述】

啊，你们今天愿意来，就表示你们有意愿去做这个调解啊，那因为我碰到的几个案件来讲，应该都是比较有意愿改的啦，那比较不愿意的就不来了，那女孩子看到这样子就比较会给他机会啊，但是给了机会之后，有些人有的时候还会坚持说，我已经给他多少机会了，还不是一样，反正牛牵哪里都是牛啊，改不了啦，那在我来讲，我就会告诉她说："当初你们自己在谈，所以你认为他这样子不会改，但是现在既然来到我们这边，就是一个转折点嘛，你不妨再给他试试看，因为现在既然是由我们第三方出面，那在过程之中如果你认为有怎样的时候，你可以再过来和我们谈嘛，那你不妨试试看。"

（五）总结与概括

调解员在聆听当事人双方陈述有关资料后，应尝试总结及指出双方没有争议的事实及立场，例如，双方以往的夫妻关系非常密切，或双方都非常希望和关注子女的成长，或不希望花不必要的诉讼费用。这样可以使调解员营造友好气氛，为调解协商建立良好及建设性的基础。这些共同之处可以用笔记录下来，让调解员营造纠纷逐渐获得解决或进展的气氛，加快谈判的进展速度。

调解员同时亦可以向当事人指出：这些共同无争议的事项及立场，往往是他们因对立或缺乏沟通才未能看见。这样做，争议双方往往会发现他们的分歧，并不是想象中那么严重及不可跨越的，而是可以运用调解方式解决。

接着，调解员应与当事人一起制订争议事项清单，点明存在的问题，共同列出争议人双方的所有争议事项，并按着争议双方认同的重要程度，共同制订协商谈判处理的顺序，与当事人一起进行协商谈判，共同解决。

【调解实例】续上章

面对李亮难以割舍的暧昧态度，徐调解员将小孟和李亮请出调解室，来到另一个房间，进行单独沟通。

徐调：小孟，刚才你也看到这个情况，你自己总得有一个想法吧。

孟：你去问他好了，他那个时候跟我说过什么东西，你去问问他好了。（推脱）

徐调：现在看来，他当初跟你说的一切都是假的。现在已经很清楚地反映出来了，再也不要相信他了。（开导）

孟：什么都是假的？你问他当初怎么说的？

徐调：好，这个事情，话再说回来，小孟你也有责任的。（指出小孟的痛处）你这个角色毕竟也是不光彩的，你也是有过错的，你没有理由可以面对孙大姐理直气壮的。（调解员能够坚持公平正义的立场，让小孟内心感觉理亏。）

孟：我是受了人家的骗，有什么不光彩的？（极力为自己进行辩解）

徐调：你在生小孩之前，知不知道他是有老婆的？

孟：不知道。

徐调：什么时候知道的？

孟：我生了小孩以后还没有满月，我才知道的。

徐调：（严厉地批评）小孟，你说话很不严肃，你刚才在调解室时，你还说和李大哥认识了有六七年了，在怀了小孩后，才知道李大哥是有老婆的，你刚刚又说是小孩生了出来以后，才知道李大哥是有老婆的，这明显是不实事求是。你是一年之前才知道的，还是一直就知道，你们俩商量着把小孩生了下来？

李：我是对她有承诺的，说实话，我也不能欺骗她。

徐调：这个承诺肯定是要推掉的，不可能一边是你自己的老婆，另一边是和你共同生活的女友，这是国家法律不允许的。李大哥，你今天必须明确这一点，否则，你肯定无法走出这个误区。（调解员坚持立场，对李亮的错误想法进行批评、纠正，目的是让李亮放弃不现实的幻想。）

李亮和小孟此时无话可说，似乎都不愿意面对现实难题，李亮似乎也没有决心与小孟断绝来往，小孟也不愿意离开李亮。经过长时间的沉默后，徐调解员再次将他们带回了调解室。孙国美似乎也从徐调解员、李亮和小孟的神情中已经看出解决问题没有希望，于是，大家还没有坐定，孙国美就抢先说话了。

孙：你们不可能这样生活下去的，我也不愿意这样生活下去，今天，你（面向李大哥）当着大家的面讲清楚，这个家你到底要还是不要？（逼迫李亮表态）

李亮再次长时间沉默，孙国美忍耐不住了，起身准备走出调解室。

张调：来，来，孙大姐，你不要走啊！

孙：（边走边说）他没有态度，这个问题根本就没有办法调解的，我要去法院，上法院告他们。

李：（愤怒地站起身，迅速地跑到孙国美面前，并拦住了孙）你什么意思？你！你今天把我弄倒霉，你看着，老子会给你过好日子。（李亮的气势汹汹，似乎想打孙国美）

徐调：（拉住了李亮，孙大姐借机离开了调解室，几分钟后再次回到了调解室）我告诉你，你的这个态度是不好的，你老婆毕竟是受害者，这个问题上，你老婆是个受害者，为什么她是受害者，因为你们是合法的夫妻。而你，李大哥，有好多的事情是瞒着她在干肮脏的事情，你看，你们小孩都出来了。（调解员对可能出现的紧张状态，细心观察、及时干预，防止了暴力行为的出现，同时坚持公正的立场，据理说法，促使李亮收敛蛮横无理的态度。）这个事情，你要解决啊，你要去面对啊，（转身面对小孟）你不是很光彩的。你也不能理直气壮的，在社会上，你就是所谓的"小三"，而且还为人家生了小孩，你也是有责任的，你不是一个小孩，你是一个成年人，你应该懂得分辨对方的话是真话还是假话，对不对？你是有过错的。现在，你们要面对现实，想办法怎么来解决。（聚焦，再次将调解的主题固定在解决现实问题上。）

孟：我不知道，我说不好，我现在疯了，我人疯了，我说不好，我也不知道该怎么办，我说不好。（有点无理纠缠）

张调：小孟，我现在告诉你，他们是合法的夫妻，你是插足的，而且还是生小孩的，在伦理道德上，你是大错特错的，当然责任是要你的男友——李师傅负责，但是，你的态度对于解决问题很重要。

李：（小孟的哭诉让李亮的态度产生了动摇）我反正，最后就是一句话，我……我是爱她的。（指小孟）（当事人的执迷不悟使调解再次陷入僵局）

孙：他愿意这个样子，我不愿意接受。等我几个小孩子过来，你对着自己小孩当面说清楚。

张调：（面对李大哥）如果你老婆提出离婚，你愿意接受吗？（调解员面对李亮和小孟的固执态度，试图尝试转换调解的方向即李亮与孙国美自愿离婚的角度来调解。但实际上，调解员误读了孙国美的内心意思，有点贸然。）

李：我宁愿一个走。什么东西我都不要，

孙：你脑子肯定是进了水，肯定是被那个女人洗脑，洗过了。（冲动，欲扑向小孟殴打，被调解员拦住了）

徐调：（对孙大姐）你不要激动啊。（后又转身对李亮）李大哥，我想对你说几句话，好吗？其实，你老婆是个很坚强的女人，她为了这个家，为了这个老公，她实在是忍受不住了。

李：（再次辩解）我也不是没有负责任的男人啊。

张调：（理直气壮）现在对她来说，你是个怎么样负责任的丈夫，你说的负责任，具体内容在哪里？你在外面还养着个女人，还生了个孩子，对你老婆来说就是最大的不负责任、最大的伤害，你老婆可以不要你的钱，但她要的是你的心，她要的是这个完整的家，她不想和别人分享老公，你知不知道？（面对李亮和小孟的执迷不悟，调解员进行了善意的批评。）

孟：我们去法院，走，去法院好了。

“小孟正欲离开调解室，从外面走来两个二十岁左右的男青年和一个十七八岁女青年。见到这个情景，孙国美赶紧向调解员介绍。”

孙：这是我的三个孩子，是我刚才打电话叫来的。我要他当着小孩的面，把问题讲讲清楚。（调解员面对突如其来的三个年轻人，迅速理解孙国美的用意。马上对着李亮）

张调：李师傅，你现在家里的人都来了，你是该向家人表明态度的时候了。（对着其中一个男青年）你是大儿子，是吧？（男青年点头）你好！你知道你父亲的情况吧？

男青年：不清楚，知是知道一点，但具体不清楚。（面向李亮）你今天当着我们三兄妹的面，你说说看，你到底有什么想法？（男青年显得很理智）

李：你们三兄妹的事，我全部给你们弄好。我哪一点没为这个家啊？（无奈地感慨）

（李亮正在说话的时候，李亮的女儿见到坐在一边的小孟，情绪失控，动手扇了小孟一个耳光，调解员极力地拦阻，场面很混乱，李亮也显得非常失态，护着小孟，起身逼向了自己的女儿，一边推搡着，一边嘴上骂骂咧咧。）

李：你再动手！老子今天揍死你！

孟：（发急）你再打！我今天就死在这里。

（徐调解员迅速地将李亮的女儿拉出调解室。而在调解室里，李亮的大儿子和二儿子与李亮发生了冲突，互相对骂、指斥，李亮愤怒地抓起了桌上的玻璃杯）

李：你们俩小子，再骂，我今天就打死你们。

（张调解员迅速地将俩儿子推出了调解室。子女们非常难以理解父亲的荒唐行为，非常气愤。好在调解员及时地将三个小孩带到了另一办公室，并将孙国美也叫在一起，进行一番说理，要求三个子女中选一个代表来参加调解，其他两个就待在办公室里。三个子女选派大儿子参与调解。）

评析：矛盾已经集中地暴露，解决问题的思路也基本明确：一是李亮与孙国美和好，孟华丽知趣地结束与李亮的感情纠葛，这样，焦点就集中在小孩的抚养问题；二是李亮与孙国美结束夫妻关系，李亮与孟华丽共同生活，焦点当然就是孙国美的情感与家庭伦理。调解朝哪个方向进展，既涉及当事人的意愿、情感、价值观念，也涉及调解员的调解理念。在具体的调解实践中，张、徐两位调解员虽有小波折，但是总体能够站在维护法律尊严、维持家庭和睦的立场，对李亮和孟华丽的错误行为进行严肃的批评，帮助当事人恢复理性，面对现实理智地解决问题，值得赞赏。但是，调解员对调解参与人员过激行为的估计不足，调解场面几近失控，特别是在李亮自己对维持夫妻关系还是解除夫妻关系没有明确立场和态度的情况下，贸然邀请了孟华丽参与调解，实际上加剧了调解的难度。如果调解员能够分两步进行调解可能比较稳妥，即第一步由李亮和孙国美参加，先解决李亮对夫妻的立场和态度问题，待李亮对待家庭和夫妻关系的态度明朗了再走第二步，即解决孟华丽去留及小孩的抚养问题。

第九章 调解的破冰阶段

调解的聚集阶段，调解员运用各种技能促进双方当事人之间相互理解，抒发、缓和双方当事人的情绪，目的是为了了解双方之间冲突原因以及当事人的诉求与预期。此阶段虽然双方当事人在调解员的引导下，敞开心扉，袒露各自的意愿和利益需要，但是，由于利益的差异，各自立场的坚固，往往使调解陷入僵局。“解铃还需系铃人”，如何破解当事人之间宿怨与冲突，调解员在此阶段应当秉持公平正义的立场，缩小与拉近当事人之间的需求，进一步分析利益得失，平衡当事人之间利益差距，力促双方当事人形成并达成共识。

一、调解工作的目标

（一）进一步促进双方当事人的互信与沟通

调解中的双方当事人只是发生冲突，并非就是敌人，如果把对方看成仇人或敌人，调解自然容易失败。成功的调解员会花时间、心思去让双方当事人彼此了解，尽可能促成双方当事人建立良好的关系，彼此会更容易沟通，也更容易找到双方共同的利益，以达成共识。

相互信赖是促成调解成功的首要条件，当事人之间无法形成相互信赖就不可能形成良好的调解情境，也就是说，即使调解员千方百计想促成调解也无法找到着力点，因此，调解员想顺利地促成双方当事人达成调解协议，首先就要先掌握双方当事人之间是否可能存在相互信赖的关系，才能进一步营造调解的氛围。

双方当事人之间是否可能存在相互信赖关系，需要调解员细心地观察和分析。调解员需要分析了解双方当事人彼此间的信任状况，并进而运用这种信赖关系，促成调解。同时调解员也要尽可能让双方当事人认识到彼此都能影响到对方的行为和结果，而己方的行为和结果也会受到他方的影响。也就是说，首先，调解员应当在客观上，判断当事人之间有相互信赖关系的存在，其次，要让当事人在主观上认识到相互信赖的存在及其重要性。

在调解实践中，当事人间的相互信赖关系往往隐藏在众多、复杂的表象背后，表现得并不明显，需要调解员适时地运用调解方法，耐心地挖掘，并积极促进当事人双方能认知到信赖关系，进而进一步形成信赖关系。

事实上，双方当事人如果能够有沟通的管道，僵持的局面往往比较容易化解。但是如果调解过程中双方当事人在封闭、沟通不完全通畅的情况下，双方只有依据对他方主观认知而做出判断，以推测其选择，往往带有非常大的盲目性，这时，调解员如果能够及时改变双方不能或缺乏沟通的情境，建立起沟通的管道，彼此通过沟通、交流，自然容易了解对方，消除彼此的隔阂与误会，进而产生进一步的理解和合作。比如，劳资纠纷中，员工常以自己待遇不好，受到老板的压榨。厂方有时也觉得企业经营状况不好，员工因物价等上涨而普遍要求增加工资或福利，双方都认为自己是受害者。调解员要求双方当事人面对面直接地进行沟通，诉说自己的理由与苦衷，增进彼此间的了解与理解。

（二）立足现实，松动各自立场

调解的过程是一个通过不断说服当事人调整各自的需求，最终使当事人双方的需求相互得以协调、接受从而达成一致意见的过程。双方当事人都是通过不断地调整各自的心理预期而使调解需求相互接近，最后达成一致。不过这种一致，不是绝对的一致，而是相对的一致，双方都认为该预期是双方都可以接受的，而非一方受他方胁迫而达成的。因为调解的过程具有合作与冲突的双重特性，是合作与冲突二者的对立统一，其合作性表现在通过调解而达成的协议对双方都有利，而不是单单求取一方之利益，既不是一方迫使对方屈服在自己的意志之下，更不是兵临城下的招降，而是双方利益的获得是互为前提的。而其冲突性，则是调解的本质本来就在解决双方的冲突，双方当事人都希望自己在调解中获得最大的利益，为此进行积极的讨价还价，所以调解的过程是既有冲突也有合作，才能顺利达成。如果光有合作，没有冲突，根本没有调解的必要，反之，光有冲突，没有合作的可能，调解协议亦不可能达成。所以，为了有效地解决双方当事人的冲突与矛盾，调解员在此阶段的目的是要向当事人充分地传递和表达：坚持原则，放弃固执。

坚持原则，是指自己所坚持的，也会为其他人所接受。做人有做人的原则，做事有做事的原则，做人的原则首先要“保护自己”，可是保护自己并不意味着要伤害他人。考虑自己的同时，也要尊重他人，自己受益，也希望对他人有帮助，秉持彼此互惠互助的立场。做事的原则，应该要以满足自己的利益为出发点，兼顾他人的利益。如果对任何事都坚持自己的想法才是对的，坚持要用自己的做法，只管自己，别人的建议和商量，都不愿接受，也不愿意为任何人改变，不替别人设身处地着想，到最后可能于人于事都会造成伤害，这肯定不是原则，其实不过就是个人的偏见和固执。

放弃固执，是指当事人适当、适时地让步与妥协。调解员应当辅导或帮助当事人深刻认识原则立场与偏见固执的关系，强调既要不损害双方的合作关系，又要尽可能为己方谋取最大的利益，即在这二者之间找到一个平衡点。

调解员在促进双方当事人互动、沟通的情况下，才有可能让双方当事人立足于现实，松动立场。往往伴随着当事人的互动、沟通，双方当事人逐渐会了解，彼此的不合作，对于彼此实际上弊多利少，甚至造成双方的伤害，则会逐渐将对立、对抗转变为合作。一般而论，在当事人的立场有所松动的情况下，调解员应抓住时机，趁热打铁，一般先说服在调解中相对强势的一方做出让步，所谓"以大对小，有容乃大"。至于较弱的一方，刚开始固然会采取怀疑、戒慎的态度，所谓"以小事大，必然疑惧谨慎"，但一旦对方改变态度打消自己的顾虑后，往往会采取真诚的理解与合作。

(三)缩小需求差距，平衡各自利益

调解员应当尽可能地鼓励双方当事人抱着合作的精神共同面对困难，依据双方当事人的共同需求、利益和公平原则，进行分析及讨论各种方案的合法性、可行性。尽力协助及引导双方当事人放弃固有立场，彼此做出让步或妥协，从整体利益角度出发，共同寻求解决问题的方法，通过讨价还价，双方渐渐把分歧缩小，直至所有问题获得圆满解决，达成调解协议为止。

调解成功与否实际上是博弈的过程，其成功的基础必然是为各方利益找到最佳平衡点，这个最佳平衡点包含了双方的共同利益，也包含了各方愿意为之让步的核心利益，以此为基础，各方才能相互妥协并最终达成和解，探寻这个核心的、共同的利益也就是利益的平衡点便成为调解成功的秘诀。

利益平衡也称利益均衡，是指在一定的利益格局和体系下出现的利益体系相对和平共处、相对均势的状态。如何平衡各方利益，心理学上著名的"刺猬法则"告诉我们，矛盾纠纷中的各方，只有找到合适的均衡点，平衡利益才能既获得取暖的温度，又避免扎痛彼此。这既是调解过程中的一个有利方法，同时也是对当事人进行解释的一个有利依据。

对于参加调解的双方当事人来讲，调解都是有一定的利益界限。调解员应当经常提醒当事人注意把握彼此的利益关系，明确利益界限。同时，也应当适时地强调了解和把握调解利益界限是非常重要的，在调解中必须满足参与调解各方的最低需求，不能一味地要对方让步，当然，自己也不能无止境地退步，否则最终会因对方退出而使自己可能到手的利益丧失。这就是人们常说在调解中要适度地把握住"尺度"。

二、调解破冰阶段的工作步骤

(一)发现当事人之间存在的冲突与矛盾

1. 倾听当事人陈述的事实理由；

2. 指导双方当事人进行简短的言辞辩论；

3. 如有必要，可由当事人提供相关证明材料；

4. 简单归纳案件的焦点。

（二）研判和确认产生冲突的原因

1. 鼓励双方当事人围绕案件的基本事实发表立场、态度和感受；

2. 初步研判纠纷产生的症结；

3. 向当事人确认问题的症结，并积极与当事人研讨形成矛盾的原因。

（三）破局——寻求解决方案

1. 运用技巧探求双方当事人可接受的解决方案；

2. 将双方提出之方案逐一分析其可行性及可接受度；

3. 僵局与破解。双方当事人对于调解方案很少能够通情达理一蹴而就地解决，在调解实践中，更多的是由于双方当事人的利益需求、立场态度和个性差异等，往往使调解陷入了僵持局面，调解员在此阶段最重要的是运用诸如分开调解、利益得失分析、第三方介入等调解技巧，借此来缓和双方当事人的立场，寻找破解僵局的有效途径。

三、调解破冰阶段的实务技巧与策略

（一）立足现实，分析利弊得失

不同的人由于人生经历和生活阅历不同，形成了不同价值理念，也往往持不同的态度甚至对立的态度来对待调解。调解员应当及时调整和分析问题的角度，转换调整要及时，在双方当事人各抒己见，顽固地坚持自己的立场时，应从当事人的个人利益、社会影响、家庭福祉等多方面，帮助当事人分析坚持各自立场的损益、前因后果、利弊得失、现实考量等，并且积极与当事人讨论，引导双方当事人去探讨及思考自己的选择与结果以及社会影响等的得失。

【调解实录】

你先冷静地思考。今天你到调解中心来参加调解，你的目的是什么？在这个家庭生活当中，你最想要的、最重要的是什么？你知道你想要的目标和生活模式以后，你才知道说你要为此承担些什么责任？因为你的另外一半就是要让他这样的习性（暴力）改到最低，当然你自己也要帮助他嘛，家庭生活本来就是要尽心尽力啊。

【调解实录】

为什么会这样的呢？就是因为你今天看你老公的状态，就是因为你过去对你老公太苛刻，所以啊，你要想想你怎样去调整自己的心态。当然，那你今天是这样的情况（被丈夫打伤的情况），的确也是因为你老公这样造成的，错，肯定是你老公错了。但是，你（女方）要做适当的调整，刚才你也听到了，你们结婚的时候，你老公对你多么地体贴入微，你也承认了当初你老公对你是很好的。但是，时隔五年，你老公为什么会变得失去理智和暴躁，固然有他这方面的原因，但是，你也得想想你自己有哪些地方还做得不到位啊。

【调解实录】

就是如果你们两个接下来继续僵持的话，呃……接下来也只能向法院起诉了，那个诉讼可是漫长的过程，而且会把小孩子牵扯进去，法官可能要去问小孩子愿意跟爸爸一起生活还是跟妈妈在一起。实现中，小孩子往往难以选择，这样的问题无形中对小孩的心灵是一种巨大的打击和折磨。那……等于是你们都放弃今天的协商机会，今天不好好地、冷静地达成共识，接下来的状况是，大家都辛苦，大家都累，包括小孩也会受苦。

（二）平衡权力，支持弱势

在现实的调解实践中，往往存在一方当事人利用自己的财产、权力、学识等方面的优势地位压制、胁迫对方当事人以取得不公平协议的情况，由于当事人对法律信息的掌握程度深浅不一，可资利用的解决纠纷的资源不同，再加上沟通渠道不畅等因素，强势的一方当事人就有可能突破现有条件对纠纷解决的制约，漫天要价或无视对方的正当要求，把自己的意愿强加于对方。调解员需要耐心在调解过程中会辨识双方当事人之间的调解能力、经济地位等是否存在不对等的状况，如果当事人间能力、资源等存在不对等的情况，调解员往往会有意识地平衡当事人地位，努力纠正能力等不对等的状况。通常较多地使用于家庭暴力、抚养赡养、民工劳务报酬等案件。调解员往往会视当事人能力状况并略为站在较弱势的一方，为其着想及给予支持，尽可能替较弱势的当事人（尤其是被害人）争取公平合理的权益。

【调解员自述】

如果一方比较强势，一方比较弱势，我怎么处理？这个时候我会站在比较弱势的那一方，譬如说老婆都不太敢讲话的，那我就要让她有多讲一些的机会啊。那如果是对方在经济方面是掌握比较多权力的，特别是民工来讨工资报酬啊，那你就要站在他（民工）的立场多为他着想。就是这样，因为调解在意的是双方的平等关系啊，你不平等的话就很难调。

【调解员自述】

相较于那个权力比较大的一方，有时较弱势的另外一方可能就会比较没机会讲或不敢讲，有时还因为能力问题，也讲不清楚，讲不明白。那我在调解的时候就要去给他（弱势）多一些支持，让他可以说出来，鼓励他说清楚、说明白。这样就是相对的平等，可以维持中立、公平啊，而不是强者恒强，当然我并不是在偏袒一方，而是在做矫正，给弱势的一方提供更多的帮助和支持啊。

（三）积极、正向的转念开导

如若双方当事人在调解过程中提及了痛苦的行为或经验，调解员往往会将当事人所提及不好的行为，重新诠释赋予新的意义，用正向的词汇，指出当事人的人际关系、行为或社会角色的正向部分，积极引导当事人朝向正面、理性的方向思考。帮助当事人将负面的情绪转念成为调解成功的动力。

调解员经常会遇到当事人具有极强的胜负观的情况。调解中，如果一方觉得没法打赢对方，通常会选择息事宁人，自认倒霉。对于这样的当事人，调解员反而容易沟通。但是，如果一方一心想赢或非赢不可，在当事人的信念中，只有赢的念头，一定胜券有握，得理不饶人。对于这样的当事人，调解员一定要肯定他们的成绩、优势（俗称为先哄上去），然后再设法引导当事人转变理念，多角度地考虑问题，比如，大人不记小人过；相逢一笑泯恩仇；等等。也有的当事人在调解中得理不饶人，习惯以法条压人，调解时也常以压迫式姿态出现，好像兵临城下地逼迫对方就范，一旦调解破裂，就是法庭见。对于这种当事人，调解员首先尊重当事人的选择，其次应当强调利益的多元化，通过调解赢得的并非仅仅是金钱等物质利益，同时也包括权力、地位、信用、名誉，甚至还包括理念、理想、情感、社会评价等要素。有时，在调解中，双方当事人都认为自己很成功，自认为都没有过错，总感到自己老受委屈，而另一方当事人往往会认为自己已经非常努力尽职了。调解员应当努力将当事人的注意力从自身转移到他人身上，把他人纳入当事人的考虑范围，并及时开导当事人进行必要的换位思考，帮助当事人走出自我中心的误区。

【调解实录】

虽然你们邻里之间因为空调的安装问题发生了纠纷，但只是发生冲突，并非就是敌人，虽然有纠纷，但是，大家还是邻居，低头不见抬头见，如果你们都把对方看成仇人或敌人，我是根本没有办法来主持调解的。但是，今天你们都来调解中心了，除了你们大家相信调解中心能够解决纠纷以外，我觉得更为重要的是，大家还是在意几十年的邻里关系的，远亲不如近邻。

【调解实录】

某某啊，你一定不肯让步，我也没有办法，这是你的权利。是的，在这个问题上，你是有道理的，你老公打你肯定是大错特错的，把你老公整得灰头土脸，狼狈不堪，你就觉得很成功吗？我也是女人，除非你想离婚，那是另外一回事，如果你不想离的话，还是要给男的机会，适可而止，赢要赢得令人敬佩。

【调解员自述】

啊！你们今天愿意来（调解中心），就表示你们都有意愿参加这个调解。从以前我碰到的几个案件来看，应该说大家都是有诚意的，都是比较有意愿改（自己的缺点）的啦，如果当事人不愿意（改变自己缺点）的就不来了。在这种场合下，女方一般就比较愿意给他（男方）机会啊，但是有时候啊，女方让了步，给了机会之后，还会抱怨："我已经给他多少次机会啊，最后还不是一样！反正牛牵到哪里都是牛啊！改不了啦。"这个时候，作为调解员，我就会顺势而为地告诉她："当初是你们俩自己在谈，所以你认为他这样子不会改。但是现在不同了，既然来到我们（调解中心）这边，就是一个转折点嘛。你不妨再给他试试看，因为现在既然是由我们调解员第三方出面，可能会好多了，当然了，在调解过程之中，如果你认为有不同的想法和意见，你可以再过来和我们谈嘛，那你不妨试试看。"

【调解实录】

生气无法处理问题，只会激化事情的严重性，使自己看不见解决的方法，况且愤怒失控的反应，往往会让我们事后后悔不已。如果遇到对方的情绪化反应，先别用情绪回应情绪，可以试着分析这是否为对方沟通的方式，以及争议点究竟在哪里？毕竟，以愤怒面对对方的抱怨只会让对方更加失去耐心，以愤怒面对对方的责难则会一错再错。

（四）软硬兼施，刚柔相济

"刚"是指调解员出于公平正义的立场，针对当事人的错误行为、冲动举止和固执态度等，及时而善意地批评与指正，努力消除阻碍调解成功的人为障碍，帮助当事人认识自己的错误，以利于当事人双方彼此间的沟通与信任。所谓"柔"之部分，是指调解员向当事人指出错误、提出批评的同时，要充分肯定当事人对调解的诚意以及对前期调解的合作配合的举动，态度要诚恳、亲切，语言要柔和、中性。

【调解员自述】

其实我在调解中是蛮会见缝插针的，因为随机应变很重要。在一些家庭纠纷的调解中，尤其是夫妻间的纠纷，男方往往强调妻子这边如何如何不好，反复地纠缠，他（男方）是被逼才会动手的啊，一副无奈、受害的样子。这个时候啊，调解员一定要去把他的问题、错误点出来，很明显地抓出来，否则，我根本没有办法调解。我就会从他的行为或者谈话当中去抓他的毛病和错误，但是不能太刻意，不能像审问犯人一样，否则，男方也会接受不了，暴跳如雷的，应该是很轻松的，双方都轻松的状况下，但我们是故作轻松，在轻松当中一定很专心地在观察双方当事人的表情和态度。

【调解员自述】

有的时候，他（男性当事人）会使用暴力，那我（调解员）就会对他说："不管怎么样，暴力总是不对的，不管你老婆怎么样怎么样的无理，打人肯定是错误的。另一个方面，你有没有考虑过你老婆为什么会变得这样的无理？因为她认为你拿回来的钱不够，她倒不在乎你在生意赚了多少大钱，而在意的是你在经济上对她隐瞒。但是不管你老婆是不是真的有错，你都不能打人，你看到只要你一动手，情况就会变得更恶劣啊，更糟糕啊，根本没办法来心平气和地来解决矛盾啊。你现在应该看到了，使用暴力非但没有解决问题，反而适得其反，使得你老婆基本不愿与你进行面对面地谈判。第一，你打了你老婆，这一点，我是一定要批评你的，这是千错万错的；第二，你要对改正自己的行为拿出点实际行动来，让你老婆看到你的真心与诚意。等到你老婆理解了，你再把你的问题、你的困难提出来，再直接去解决这些问题。"

（五）放大共识，步步为营

在调解过程中，调解员会结合调解前期双方当事人的陈述以及立场，从中提取双方当事人间已有共识的地方，并且亦从此共识之处开始加以讨论，以放大当事人间之相同处，甚至进而能够凝聚双方当事人之共识。一是能够营造良好的调解氛围，二是稳定基础，步步为营，直接解决核心问题。

【调解实录】

我是说希望你以后就不要再喝酒了，你自己刚才也表示喝酒误事，你老婆也希望你不要隔三岔五地喝酒，她也担心喝酒对身体不好。这点你们的想法是一致的。至于你生意上的失败，你认为是暂时的，你可以再找另外的工作，或者是继续等等。当然你老婆对目前你的经营状况，她认为只是因为运气不好，所以不顺，这个部分她也是非常愿意支持你渡过目前的难关。但最主要的是，你自己要有信心，你对自己没有信心的话，就会疑神疑鬼，那既然你老婆现在也讲得很清楚，她不在意你这个部分（经营状况），她也是希望你能有信心重新开始。

【调解实录】

我们会跟他们强调一个观念，"不是来这边就是没有对错啦，这并不是绝对的，可是一定有相对值嘛，但是，你作为丈夫，你应该对家庭、对你孩子、对你老婆负的责任在哪里？你认为你自己扮演的角色是什么？你自认为自己是好丈夫，怎么还会有暴力？你自认为自己很顾家，但是怎么老是成天棋牌房赌呢？我想现在你应该明白，你妻子对喝酒啊、生意不好啊，其实并不是非常在意，作为女人来说，这是非常宽容，善解人意了。而你呢，刚才你承认了喝酒不好，对身体有害，也希望在生意上再试试，能够东山再起。这样的态度很好啊，男人就是要敢做敢当，敢于担当啊，承当起丈夫、父亲的责任啊,但是,你老婆今天最想听到的就是你能不能保证不再打人,也不再赌博。你能不能做到?你能不能在我面前明确地表明态度?这样,我再去做做你老婆的工作”。

(六)欲擒故纵,及时提醒

调解往往因双方当事人各自坚持己见而在协调内容上僵持不下,互不退让,此时,调解员往往会向双方当事人指出调解无法或难以进行的原因,并且及时提醒双方当事人莫忘了彼此来调解的目的,帮助当事人恢复理智,并促进调解能够继续进行下去。当然,这种调解方法的采用,调解员一定要掌握当事人内心的调解需求,否则,可能适得其反。

【调解实录】

你们(当事人)今天各自有所坚持而僵持不下,谁也不肯让,我们调解员也没办法调。你们(当事人)自己都没有解决问题的诚意,我何必瞎操心,我也不再管你们的事了(欲擒故纵),我们的调解也就到此为止了,你们想上法院起诉,就去起诉,我的工作就此结束了。(此时,调解员应当及时地观察双方当事人的神态与表情,以便寻找时机再让双方当事人重新回到调解主题上来)

【调解员自述】

我作为调解员,这个时候,一定让他们(当事人)知道:如果调解不成功的话,他们之间纠纷会出现怎样的局面。再拉回来一下,调解员不要一直去拜托他们(当事人)一定要怎么样,不要怎么样。调解员也不要去迁就当事人,千万不能。调解员要反复提醒他们,让他们知道自己才是调解的主角,我(调解员)只是个配角、中介而已,真正解决问题的主角还是他们(当事人)自己。

【调解实录】

看起来你们各自都非常地坚持哦,既然你们双方都那么硬,那好像也不愿意让步、妥协啊,那很抱歉,你们自己解决你们的问题,我们也没有办法再帮你们协调,根据《人民调解法》的规定,调解是当事人自愿的,你们不愿让步,不愿调解,这个案件我们无能为力,那你们这样等于协调不成,那只好看你们自己下一步决定怎样做,怎样处理你们自己另外寻求途径去处理。

(七)分开调解,适当辅导

当双方当事人对于调解协议一时无法达成共识,调解员往往会借助分开调解,意图分别与当事人商谈,而不在同一个场合面对面来谈。当调解员认为双方当事人可能对调解方案存有误解的,或者是不适合在面对面的场合下,向双方一并明说之时,调解员会先将双方当事人予以分开,然后再个别就彼此间的诉求或分歧去讨论,分析相关利弊得失，或者是让双方当事人和亲友进行讨论之后再做决定。如此一来，当双方当事人再度回来调解时，可能就比较容易促成协议之达成。若在面对面调解中当事人双方敌对情绪过于激烈，调解员需要中止面对面调解，立刻与个别当事人进行单独会谈，给予他们一个安全的思考环境，冷静地与调解员或其他律师商讨，纠正当事人因对法律或其他资料的误解而产生的错误立场，让争议人可继续思考其他可行的和解方案，重新返回谈判桌上，继续进行协商。

在分开调解的过程中，调解员除了向当事人分析利弊得失以外，往往会在自身的能力范围内，适当提供信息和适当的辅导，以利于当事人正确地对待调解。其次，就是给予调解员机会向争议提供调解技巧，平衡调解参与者权力的失衡，保障各方的合法权益。再次，调解员可以鼓励当事人勇敢地面对现实，特别是在当事人感到失望或沮丧，或是人生当中遇到重大挫折时，给予其必要的支持与鼓励。

【调解员自述】

就是条件讲不拢的时候，就会把先请一方当事人出去。比如说对方当事人要求一万，可另一方只能给五千，那我们看到的状况好像那个男的真的拿不出来一万元，我们就会将他先叫出去，我就说："刚刚听到的感觉好像真的为难你啦。那么你尽你自己最大的能力，能拿出多少算多少。但是，你应当将自己拿不出一万元的原因坦率地告诉对方，取得对方当事人的谅解，千万不能让对方当事人觉得你在耍赖，故意不拿出钱来。"而对另一方当事人，我们就会做必要的劝导："你也看到了对方当事人，好像真的拿不出(一万元钱)，现在他既然能拿出五千，那么多少对你家庭也有所帮助，那你能不能这样，现在嘛，就是能拿多少，就算多少。你先拿着，要不然，你调解不成，回去一毛钱你也拿不到。至于其余部分，你也想办法，现在拿不出来，那么可不可以给他(对方当事人)一段宽限期。当然，你也可以和家人商量商量，看看有没有更好的办法来解决这个问题，当然，从现在的状况来看，你一下子要对方拿出一万元，肯定是不现实的。你也不至于逼得对方去砸锅卖铁来还钱吧?"

【调解员自述】

最后做决定之前，有时候会先请一方出去外面，我们来跟一方当事人讲，然后我们再去跟另一方当事人讲，希望把他们的距离稍微接近一点，个别的再给他们分析，有些话，个别讲肯定会比面对面讲好啦。特别是双方意见不合的时候，大家都在讨价还价，据理力争，谈条件的时候，就是会先询问受害人是否愿意接受这些协议，这个时候，他们(家害人)的家属可能会有意见，那我们会将受害一方请到另外的办公室里，让他们和自己的家人一起商量商量，有时候，我们调解员也参与到一方的讨论中去，帮助他们分析利弊。

【调解实录】

他(丈夫)假如喝酒回来的时候，你最好不要跟他谈什么，酒喝多的时候，人容易冲动,这个时候你一定不要跟他谈,也不要去指责他,你要指责,要耐心等他清醒的时候再告诉他,而不是在那个时候(喝醉酒)。另外你老公在气头上的时候,不管什么行为,你绝对不要讲,因为这个时候你跟他讲道理,他非但听不进去,而且还容易产生冲突。

【调解实录】

某某(当事人),你也不要咬文嚼字,死抠字眼了,死咬住法律条文不放。今天我们是在进行调解,而不是在法院开庭。大家都不要喉长气短地争个谁对谁错,谁有理谁无理啊,我们要讨论的是怎么来解决问题,当然法院也是可以解决你们的纠纷的,但是,今天大家用了这么多的时间来调解,想必大家都愿意通过调解来解决。虽然,你们都签过字,都同意通过调解来解决纠纷,但是实际上,你们还是都死死地咬住法律规定不放,所以,我还是再一次地强调调解的特点,请大家务必明白:心平气和地沟通与谈判永远是解决问题的最佳方法。

(八)外人介入,及时催化

当调解工作阻碍难行,双方的利益似乎完全冲突,彼此可能因为面子问题、公平问题、敌对情绪等都已经形同水火,不可能达成调解协议时,调解员往往考虑邀请第三方的介入。在当事人力量不均衡、信息不对称导致双方地位失衡和恣意蔓延的情况下,邀请第三方介入调解,可能对调解工作起到积极催化作用。

另外,第三方以适当方式适时介入,可以帮助弱势方进行信息的互动传递,并对纠纷解决进行有价值的事实和法律判断,帮助双方从各自的主张转向合意的凝集,有助于抑制双方当事人达成协议过程中的恣意因素,避免弱势一方当事人违背真实意愿做出让步,而使自身权利受到毫无回报的损害。

在调解实践中,调解员应该结合案件的基本情况,调解前,物色好第三方的合适人选。最好是能物色到一个双方都信任、都能接受的第三方。第三方可以帮助双方重建沟通渠道,消弭彼此的误会,重新建立互信基础,进而帮助当事人在互相沟通中找出解决之道。

中国古代家族发生冲突,往往请出族长来担任和事佬,并非族长具有多好的说服技巧,而是族长是家族所共推,通常是德高望重,一言九鼎,讲话够分量。一般而言,参与调解的第三方,对于双方当事人而言,一要熟悉和信任,二要中立、公正,三要有足够的影响力。调解员物色好第三方后,往往需要在调解前与第三方进行必要的沟通,主要的目的是正确认识第三方在调解中的角色定位。第三方不应该是裁决员,不必裁定谁对谁错,第三方不是亲友团或者拉拉队,不要有明显的偏向。第三方应当是一个“桥梁的构造者”“清道夫”,努力地在双方当事人之间构建沟通的渠道,并且尽力地消除交流沟通、互相信任方面的障碍。

【调解员自述】

我们在调解中往往会邀请第三方来参与调解，第三方必须具备一定的分量，要么权威大，要么面子够大，要么是当事人信任甚至崇拜的人士。第三方在调解中的作用也因造成调解障碍的原因不同而有所不同。如果是关于程序的公平问题，第三方可以出面保证程序的公平。如果是关于冲突双方都认为对方故意存有敌意，有意刁难自己，第三方可以在中间穿梭，重建他们彼此间的信任，而愿意重新回到调解中来，甚至第三方可以分开或个别与一方直接讨论问题，探询出各自的立场和利益，找寻双方可能接受的解决方案。有时，因为当事人存在认知上的误区导致调解搁浅，第三方可以教导当事人及时转变角度来审视、考虑问题，或针对双方的利益思维，提出一些方案，让双方觉得眼前的冲突其实是可以解决，而且是可以双赢的。有时，当事人存在顾虑：一旦我让步了，对方会不会做出必要的回应，也做相应的让步。这时，第三方应当打消当事人的顾虑，及时地帮忙让步的一方当事人去向另一方要求对等的让步。有时，当事人的顾虑可能不是利益问题，而是面子问题：我做出了让步，会不会有失面子，会不会在对方面前示弱了，到时对方更加肆无忌惮。第三者可以出面，帮助让步的一方保住面子。

(九)积极转述，注重语言重组技巧

“良言一句，三冬暖。”调解员既是调解程序的主导者，又是双方当事人之间信息沟通的传递者。在调解过程中，调解员往往需要在双方当事人之间穿针引线，不断地传递各自的立场和态度，而在信息的传递中，语言能力特别是语言重组技巧显得至关重要。

语言重组指的是说话人在转述非本人意思的内容时出于一定的目的对原话的内容或表达形式进行重新组织的行为。语言重组的主要作用是缓冲(即通过语言重组，修正原话语的形式，缓和气氛，减低语言的攻击性)、确认(即针对原说话人意思表达不明确的情况下，根据原话语内容进行分析，从而明确和确认原话语的基本意思)、揭示(即对原话语内容基本意思背后隐藏的更深层的含义进行提取并予以揭示)。

结合调解工作的特点，语言重组在调解中的具体作用主要有：

1.对于当事人不明确、混乱的语言表达，通过语言重组进行整理提炼，向当事人确认其所描述的事实或表达的态度，以帮助调解人收集信息了解情况，总结找到纠纷的争议点、当事人的利益点，为找到解决方案指引方向；

2.通过语言重组深入挖掘明示当事人话语中的隐含意思、真实意思，既可以向本人确认以找出真正的问题所在，也可以向另一方转达以保证最大程度的沟通，尽可能增进当事人互相理解，有助于促成纠纷化解；

3.调解员通过语言重组或确定或明示说话人的意思时，常常会让说话人感觉到被

理解和关怀，有利于产生对调解人的信赖感，从而更愿意倾诉，也更容易认同接受调解人的建议；

4. 调解员可以利用语言重组，着意突出或反复强调某个重要事实，将当事人的注意力引向这个事实，去考虑这个事实中的一些决定性因素；

5. 调解员通过语言重组改变原话的表达形式，可以使语言通俗化易于理解，可以淡化一些激烈挑衅的言辞来缓和气氛，还可以结合心理学、社会学的原理改变语言效果，充分调动有利于调解进行的因素。

【调解实录】

方家大媳妇：现在，我们的意思就是，送给你的(房子)，你把遗嘱给我们看一下，有我婆婆的名字吗？笔迹对不对？是不是我公公的笔迹？有没有公证过？……(a)

调解员：你就是让她拿出证据来，来证明当时那个时候是，你阿公也好，你阿婆也好，送给她的，有什么依据，有什么凭证。(b)

方家大媳妇：哎，对的，对的。

调解员：你们兄弟姐妹就想要一个说法吧，不然不明不白的，都被她拿去了。(c)

方家大哥、方家大媳妇：(齐声)哎，都给她拿去了，全部的东西都给她拿去了。

方家大媳妇：如果遗嘱是合理合法的，那我们也无话可说。

注：以上对话中，调解员分别在(b)和(c)处对方家大媳妇的话语(a)进行了语言重组，这里重组的内容就是方家大媳妇所表达的对如何处理纠纷的意见和态度。

调解员：(对陈女士)所以像现在这种情况，你也会常常回来看孩子，然后照顾一下妈妈，是这样吗？

陈女士：是的是的。本来以前是常常看小孩的，我每个月都回来。我小孩身上，说来说去，这个协议上面写的是每个月 500 块钱(打开手里的离婚协议书给和事佬看)，但是我跟你说，我每个月(花在孩子身上的钱)500 块钱都不止，小孩生个病什么的，肯定是不止的。(a)

调解员：这份离婚协议书是 2009 年的时候写的？

陈女士：嗯，是的。

调解员：(看着离婚协议书)章先生，我们通过这份离婚协议书已经看到，当时你们其实蛮冷静地把这个事情解决了。我们至少现在看到上面 1234567 写得非常清晰。不管你们因为什么原因，但那个时候你们做了一个决定。那么接下来之后的话呢，作为这个母亲，她出于对这个儿子的照顾，出于你们之间还有感情，她愿意额外付出更多的精力在你们父子身上(b)，其实你们都应该有感恩的心。

上述下划线(b)处是调解员对陈女士(a)处的话语做的语言重组，这里调解员将陈女士(a)话语背后隐藏的深层含义向章先生明示转达。这就提示了总是对别人要求很多的章先生，让他体谅到前妻的付出和用心良苦，增进理解会使章先生可能做出让步。

章先生（债务人）：这个问题的话，你们也解决不了的。……你们（这是在）逼我……（情绪异常激动，有强烈的抵触情绪）

调解员：不是逼你。按照我们富阳话说的，有钱，钱招待；没钱，话交代，对吧？话当然要和你嫂子说清楚，那现在你一言不发，一点解决问题的诚意都没有，那你嫂子越发想不通了。（a）

分析在调解员（a）处引用了一句地方俗语，并通过语言重组对俗语的内容进行具体的解释，旨在告诉章先生不管有没有钱还，都不应该逃避，而应该面对纠纷有所交代，逃避会让问题更严重。这有利于促使章先生出现并接受调解，使调解得以展开，使纠纷有可能解决。

【调解实例】续前章

两位调解员花了九牛二虎之力，才止住了父子之间、父女之间争吵与冲突。三个孩子的老大，作为代表，留在了调解现场。调解继续。其实孩子们是很难理解父亲的荒唐行为的。所以情绪失控似乎也在情理之中，既然要解决问题，大家都要拿出诚意来。

张调：我现在向你们再次重申调解纪律，一是不能出现过激的言论与举动，大家要理智。二是立足于现实，解决问题，什么是解决问题的态度？我看就是大家没有必要再去争论了，这个案件的道理到现在为止，已经非常明朗了。李亮，你在这个问题上是负有不可推卸的主要责任的，你明明在有家庭的情况下，还要与小孟产生感情纠葛，这是违反婚姻法的，是不道德的行为，你对这个家庭，特别是对孙国美是有亏欠的，这一点，我是要批评你的。小孟，我不管你是否知道李亮是有妻室的，但是，你是个成年人，在不清楚对方婚姻状况，不了解男的家庭情况的前提下，长期与李亮发生关系、共同生活，你肯定也不是个对自己负责对他人负责的人。孙大姐，特别是你们几个小孩，听到你的丈夫、你们的父亲有不光彩事情，情绪激动点、冲动点，我也能够理解，但是，毕竟问题已经出现了，我们大家还是拿出解决的诚意和态度来，而不是打打闹闹。（总结和概括非常好，及时、到位）如果大家还是想把问题解决掉的，那么就听从我刚才的两个建议，如果做不到这两点，我们大家不再调解，大家各走各路吧，你们看好不好？（欲擒故纵）

孟：孙姐，你看着，还有你们几个小孩也听着，今天我当着调解员的面说一句话，我永远不找你爸爸，叫你爸爸也不要再找我就可以了。好不好？这样，我就走了。（小孟在这次争吵之后，实际感受了孙国美的强硬立场和李亮子女的坚定态度，可能预感到与李亮共同生活几乎没有可能性，于是，态度发生了 180 度的大转弯。）

张调：你这样算是表态了？（澄清与进一步确认）

孟：其他，我什么都不要了。

张调：你再说一遍，大家都听着呢。（进一步确认，赶鸭子上架）

孟：我什么都不要了。他永远不要再找我好了。

孙：你要我老公以后永远不要找你，把这个字据写好，手印按上。对不对？

孟：你把那个钱还给我。我就是说这个钱怎么调解？（明显心中不甘，话中有话）

张调：小孟，你有什么要求就提吧！（积极倾听，立刻明白小孟的内心意思即要求李家给予经济方面的补偿，但碍于面子无法直截了当地开口，调解员及时引导。）

孟：我什么都不要！（明显是碍于面子，在赌气）

张调：你什么都不要？（激将法，事已至此似有解决问题的希望。只要小孟的要求适度、合理，调解僵局即可破解。）

孟：我马上出去，我就死人。我什么都不要。（碍于面子，不肯服软）

李：你是在逼我啊！

张调：真的想了断的话，这个问题很简单，可以提出一个具体数字。

徐调：我们还是冷静下来，把这个问题谈谈清楚吧。

李：这个很明确的。小孩，我肯定要把她抚养到18周岁的，哪怕我再苦、再累，我自己去挣钱。

徐调：小孟，他答应你将小孩抚养到18岁，你能不能提出一个具体数字来。

孟：我不要他抚养。

徐调：小孟，你这是在赌气，你还是没有想真正解决问题。

孟：我没有赌气，我只是想说我要是要他一分钱，我就不是人！你看这么多人，我扛得住他们的打吗？我受得了吗？打起来。当着你们的面，（他们）不打，你们走了，（他们打）我受得了吗？（道出了原委）

张调：好的，大儿子，你今天在这边，我可以问你。你们以后也不会找她麻烦，是不是？（及时消除顾虑）

大儿子：肯定不会的。（语气坚定）

张调：你们孩子是不是也愿意事情到此为止，对不对？

大儿子：对。（点头）

张调：但是，这个小孩，你们父亲要负责的，这个你们得承认吧？她也是你们的小妹妹。

大儿子：对。（点头）

徐调：小孟，很现实的问题还是如何解决这个问题。把小孩的抚养问题解决好。趁我们还在这里，可以给你做个见证。好不好？你考虑考虑。（进一步开导）

（调解员见小孟始终不肯提具体的经济补偿，再次使用分开调解的方法，将李亮及孙国美夫妻带离调解室，进行单独沟通。）

张调：18岁，现在开始还有17年，每月的抚养费根据目前的水平，一般也在四五百元，可不可以？

李、孙：可以。（几乎同时地点头）

张调：这样，你们看行不行，再抚养17年，抚养费每个月500元，好不好？

李、孙：好的，我们同意。

（调解员转身再次进入调解室与小孟进行单独沟通）

徐调：我刚才与李大哥他们谈妥了，他们愿意每个月给500元，抚养17年。你的意见呢？

孟：（摇摇头，指着小孩）那谁来带她呢？放在哪？她自己会吃吗？

徐调：他出抚养费嘛，就是让你带着小孩啊。

孟：她会不会自己弄吃的？（再次指着怀中的小孩）

徐调：也正因为这样，所以他要给你抚养费。你带小孩，他每个月给你钱。因为这个事情你们都有责任。

孟：反正以后你们看着办，小孩抚养费要500块。那么我的生活费呢？（道出真实想法）

徐调：你的意思是你还需要生活费，小孩的抚养费500元。那么你告诉我，你想要多少生活费呢？

孟：至少要1500元一个月。

徐调：按照你的要求，小孩的抚养费500元，你的生活费至少是1500元，一共要李亮他们支付2000元一个月，对不？（澄清与确认）

孟：是的，而且这样的话，我要把小孩带走的，要不然的话，我不放心。她（孙国美）要是不同意的话，那么她将小孩带走吧。

徐调：小孟，按照你的数字，要算到小孩年满18岁为止？（进一步确认）

孟：哎。

（调解员再次将李亮、孙国美和小孟带回调解室）

张调：我们刚才进行分开调解，李亮和孙国美表明了自己的看法，小孟也提出了自己的想法。虽然两方的意见有差距，但是，我们看来差距已经不大了，大家辛苦了这么长时间，总算看到了问题解决的曙光。孙国美，你先讲你们的态度。（求同存异，缩小差距）

孙：我们的意见就是，你不再跟我老公来往，对于小孩，我们愿意一个月出500元的抚养费。我们一直抚养到小孩18岁为止。

张调：（转向李亮）你同不同意？

李：我肯定是同意。

孟：你们是在说梦话吧！我现在没有工作，没有经济来源，今后三五年也要带着小孩，不可能去找工作，我孤儿寡母地单靠这500元，怎么生活啊？（小孟开始诉说自己的合理要求）

张调：小孟，你有没有自己的要求呢？现在大家都还在协商，自己心里有什么样的想法和要求，都是可以摆在桌面上了，如果是合理的，我们也会支持你的。

孟：要说我的要求，小孩子的抚养费，刚才你们说每个月给500元，我没有意见的。但是我也需要生活啊，李哥，我的生活费，你看着办，你一分钱都不出，也行！我今天就把小孩留在你们家里了。

徐调：小孟，事情到这一步了，我们大家都不要再说气话，还是实事求是地来解决问题，你的生活费问题，李亮你们一分钱不出肯定是行不通的，现在养一个小孩，除了花钱以外，父母亲还要投入大量精力、耗费大量的时间，我作为过来人，带小孩的辛苦，我是能够理解的，的确非常的辛苦。我看，小孟，你能否提具体的要求啊？（将心比心）

孟：我的生活费，我也不是那种不讲道理的人，1500元一个月，肯定是需要的。

孙（没等小孟把话说完，孙国美突然从座位上站了起来）：那不行的，我不同意的。1500元一个月，不行的。最多……最多，给你600元一个月，其他都不要再提了。（面向小孟）你作为小孩的妈妈，也有抚养的责任，你也应该负责小孩的部分生活费啊。你自己有责任，你应该自己带小孩。

孟：我最好一分钱也不要，小孩你们抱走，今后也不要再找我麻烦了。

徐调：李师傅，孙大姐，你们也要为小孟考虑，人家一个单身女子，本身生活已经不容易了，再加上还要带这个小孩，500元加上600元，总共1100元钱，要吃、要花，还要租房子，孙大姐，你是当家人，你估算估算，这个日子怎么过？你总不至于让小孟带着小孩吃了上顿没下顿啊。（提醒孙大姐换位思考）

孙：不行的，今天导致这个情况，我是没有责任的，要我拿出这么多的钱，我是不愿意的。你自己作的孽，你就要有勇气去承担。

徐调：孙大姐啊，我们现在不去谈谁在作孽的责任问题，要说作孽的话，是你的老公在作孽啊，你老公是罪魁祸首啊！我们现在要往前看，虽然让你出2000元一个月，在经济上是有损失的，但是，这样的话，你也可以放心了，你老公也重新回到家庭了，你们的家庭也不再疙疙瘩瘩了，这个对于你而言，对于你们家庭来说，才是最重要的。

孙：不行，我是受害者，现在还要让我拿出这么多的钱来养莫名其妙的野种。我不愿意。

徐调：孙大姐啊，对的，你的确是受害者，但是你要知道，真正害你的人不是小孟，是你的老公啊，你现在是在为你老公在还孽债啊！你昨天还在跟调解员说，只要你老公能重新回来，你愿意出一笔钱了断，而且是一笔清。现在，我们大家经过努力，从小孟，她不愿意与你老公断裂，到现在她同意退出。从你老公，维持你们夫妻关系犹豫不决，到现在他愿意重新和好，维持家庭，从回避现实，到开始面对现实，从拒绝协商到愿意协商，而且从双方的观点来看，小孟要求每个月2000元，孙大姐只愿意承担1100元一个月，900元的差距，如果大家从家庭和睦相处的角度，特别是从小孩成长和生活的角度来考虑，不管小孩今后怎么样，她是李亮的亲生骨肉，这个事实是不会改变的。所以，我还是要劝劝孙大姐了，你也是个母亲，也拉扯过小孩的，你肯定是有体会的，抚养小孩可是个苦差事啊！你应该体谅体谅小孟，当然也希望你再好好地考虑。

孙：我的态度还是这样，小孩抚养费500元，大人的生活费600元，今天看在调解员的面子上，我对付钱的期限可以让步，大家算一算，我愿意一笔清。数额上我不会再动，我也要养家糊口啊，马上大儿子就要结婚了，我也需要钱啊！

徐调：啊！你的意思是把小孩抚养到 18 岁，每个月 500 元。大人，也就是小孟的生活费每个月是 600 元，那么，你们也是付 17 年喽？付到小孩 18 岁成年喽？（进一步澄清）

孙：我不是这个意思，小孩 500 元，养到 18 岁，算一算一笔清，大人嘛，我是不愿意出钱的，她也是健全人，可以出去找工作啊，为什么要我们来养她啊？（变卦了）

徐调：哎！孙大姐，你刚才还在说大人的生活费 600 元一个月，怎么话音还没有落地，你又变卦了？我看大人的生活费，你也要负担一部分的，至于你愿意付到什么时候结束，就是我刚才说的话的意思了。是再付 17 年，付到小孩成年？还是付到小孟找到工作？还是付到小孟建立自己的家庭？这些大家都是可以讨论的。（澄清、确认）

孙：我不可能付她 17 年的，我的意思是付她 6 年，等到 6 年以后，小孩读小学了，她就可以腾出手来找工作了，但是，如果 6 年当中，她结婚嫁人了，我就不付了。

徐调：小孟，孙大姐的意思，你听明白了吗？她愿意支付小孩 500 元一个月，付到小孩年满 18 岁，而对你呢，她愿意付 600 元一个月，再付 6 年，到小孩上学为止。你的意见呢？

孟：我不同意。一是每个月共 1100 元，我们母女怎么活啊？没法过的，太少了！二是小孩以后大起来了，吃、穿、用还有读书的费用肯定会增加，读书以前，500 元，我还能勉强接受，读书后，各种开销，光读书的学费一年就要好几千了，500 元肯定是不够的，要增加。

孙：我不可能再增加了，要谈，只能在这个价码上谈，要不行的话，我也不谈了，反正，你也是有责任的，不能说，你生了个小孩，所有的抚养责任都由我们来承担。1100 元就是我的底线了，同意，我们就签字确认，不同意，大家就散伙，该怎么办就怎么办。（强势啊！调解员此时应该进行干预了）

孟：这么说，你就是逼我上法院了。好的，你们等着看吧，我相信我打官司，肯定会拿到更多，好了，结束吧！我不同意调解，我不愿再浪费时间了。

（双方都不愿意让步，调解无法再继续进行。调解员也无可奈何地结束调解。）

张调：今天，我们调解员调解到现在已经花了近 3 个小时，到现在为止，没有统一意见，各有各的理，你们还有一个途径，通过向人民法院起诉，依法来保护你们所谓的合法权益。我希望通过法律途径去解决问题。但是，小孟，我可以告诉你，通过法律途径，你肯定占不了上风，因为你是有错的，你是有责任的，你要考虑到这个后果。同样，作为当事人的你，李大哥，一旦向人民法院起诉后，你要做出很大的经济上和精神上的赔偿。你要再维护家庭就困难了。所以，你要稳重考虑，想通了，你们再打电话给我，我们还是愿意继续为你们进行调解的。

【调解评议】

本案的调解虽然最终没有达成调解协议，但是，两位调解员兢兢业业、恪尽职守，运用多种调解技能，努力说服双方当事人改变原本的立场和态度，应该说是有成效的，正如徐调解员在总结中提道:(双方当事人)从回避现实,到开始面对现实,从拒绝调解到愿意协商。由此,我们可以深切地体会到:一是我们一线基层调解人员为当事人解忧止纷付出了大量的心血;二是调解工作是艰巨复杂的,要求调解人员要有充分的思想和工作耐心,大量的民事纠纷不可能通过一次、二次调解工作,就会取得成效,更不可能"毕其功于一役",需要耐心地"磨"(耐心与当事人沟通)、耐心地"等"(让当事人自己有时间和精神去体会利益得失与取舍)。本次调解结果令人遗憾,调解人员的工作责任心值得称颂,工作方法和调解技能也值得效仿。当然,人无完人。客观地说,两位调解员还是存在可以商榷之处的。

一是调解员对当事人的利益需求评估不足,在调解中,调解方向切换很快,从李亮割断与小孟的来往犹豫不决,到小孟愿意断绝与李亮的来往,最后围绕小孩的抚养和生活费的支付上,主题切换过快,当事人对调解主题缺乏深入、细致的了解,无法提出全面合理的意愿与要求,影响了调解顺利进行,尤其是最后阶段体现得更加明显。对于小孩抚养费和小孟生活费的支付金额、支付方式、支付年限等,从孙国美和小孟两人犹豫不决,可以看出均未充分地准备,加上调解员没有提供这方面的全面信息,都有不知深浅,害怕吃亏、受欺的心理因素,这也是调解未成功的因素之一。

二是调解员在调解末期没有利用李亮的积极作用,在孙国美与小孟争议抚养费和生活费的问题时,李亮一直在边上抽烟,没有发表任何意见,其实,当孙国美与小孟争执不下的时候,调解员可以适当地让李亮表表态,特别是可以提供机会让李亮和孙国美进行有效的沟通,以使立场松动。

三是调解员可能受自身的观念、理念的影响,把自己的道德评判有意、无意地带入调解当中,比较集中地体现在对孙国美和小孟的态度上,总体上,将孙国美纳入受害者行列,对其有同情甚至迁就;而对于小孟,始终将她置于破坏者的角色。对其批评、责备较多,理解与同情偏少。实际上,固然小孟在处理与李亮的关系上的确存有错误,但是,她的处境的确有值得同情之处,何况,小孟对小孩的抚养费和生活费的要求也属合理与理智,调解员在抚养费和生活费方面理当支持和保护小孟。

四是在调解结束阶段,虽然调解员对双方当事人表达了善意,并欢迎有可能再次进行调解,应属正确,值得赞扬。但是,也有值得总结之处:一是没有很好地肯定当事人经过调解取得的共识、取得的突破。实际上,我们可以从调解实际看到,虽历经 3 个多小时,调解的效果是很明显的,当事人的焦点也慢慢地集中到小孩的抚养问题,离纠纷的最终解决仅有一步之遥,调解员对当事人特别是对孙国美再多点肯定与鼓励,对其利益得失分析再透彻点,应可大功告成;二是调解员经过 3 个多小时的调解,已现心力疲惫之状,欲匆匆结束调解之意,调解尾声阶段的处理似有匆忙、草率的情况;三是调解员对诉讼结果预判似有偏颇。

第十章　正式调解末期

调解的结果，可能有两种不同的结局，达成调解协议或调解破裂。如果是双方达成调解协议，调解员一方面让双方当事人明白当事人所达成的调解协议是各方调解参与努力的结果，珍惜来之不易的调解结果；一方面也是向双方当事人提示，所达成之调解协议是有其法律上效力的，并以此敦促双方当事人能够遵守并实践所达成之协议内容。如果是调解破裂，双方无法达成调解协议，有两种情况：一是虽然此次未能调解成功，但双方仍皆有以调解解决问题的意愿，可再安排下次调解之时间；二是双方虽经调解但毫无交集与共识可言，且不愿意再接受调解，调解员无法继续介入。但是适时地提醒当事人“买卖不成仁义在”，尽可能地给对方预留台阶，防止不必要的冲突再起。

一、正式调解的末期的工作目标

(一)确立双方当事人的协议结果

双方当事人充分认识和了解自己和对方的调解需求，在充分进行评估和思考后，本着自愿、协商、谅解，达成或者基本达成调解意愿，调解员应当趁热打铁及时地将双方当事人的调解意愿迅速地落实在纸面上，形成调解协议。调解协议是在调解委员会的主持下，纠纷当事人依照国家的法律、法规、规章、政策和社会主义道德，通过平等协商、互相谅解，对纠纷的解决自愿达成一致意见的意思表示。

1. 调解协议的形式

调解协议一般有两种形式，即口头协议和书面协议。《人民调解法》第 28 条：“经人民调解委员会调解达成调解协议的，可以制作调解协议书。当事人认为无须制作调解协议书的，可以采取口头协议方式，人民调解员应当记录协议内容。”从《人民调解法》和调解实践来看，还是比较强调双方当事人签署书面调解协议，只有当事人认为无须书面调解协议书的，才可以采取口头协议方式，并且要求人民调解员在采取口头协议方式时，应当记录协议内容。因此，我们可以这样认为：人民调解委员会的调解协议原则上应当签订书面协议，只有双方认为无须制作调解协议书的，才可签订口头协议，口头调解书是一种特殊情况的例外。

2. 调解协议的基本要求

调解协议是调解委员会工作水平和质量的集中体现，制作符合规定要件的人民调解协议是人民调解工作的一项重要内容。合法的调解协议书应当包括：

(1)主体合法。即双方当事人具有完全民事行为能力。所谓当事人具有完全民事行为能力，是指当事人具有能够独立实施任何民事法律行为的资格。依《民法通则》第11条规定："18周岁以上的公民是成年人，具有完全民事行为能力，可以独立进行民事活动，是完全民事行为能力人。16周岁以上不满18周岁的公民，以自己的劳动收入为主要生活来源的，视为完全民事行为能力人。"

(2)意思表示真实。即调解协议正确反映当事人的意志，并非因重大误解、欺诈、胁迫或者乘人之危订立的调解协议或者订立调解协议时显失公平的。

(3)内容合法。是双方当事人真实的意思表示，且不违反法律、法规的强制性规定和社会公共利益。

3. 调解协议基本内容

《人民调解法》第29条规定，调解协议书可以载明下列事项：

(1)当事人的基本情况；

(2)纠纷的主要事实、争议事项及各方当事人的责任；

(3)当事人达成调解协议的内容，履行的方式、期限；

(4)调解协议书自各方当事人签名、盖章或者按指印，人民调解员签名并加盖人民调解委员会印章之日起生效。调解协议书由当事人各执一份，人民调解委员会留存一份。

根据《人民调解工作若干规定》第35条中明确规定，调解协议应当载明下列事项：

(1)双方当事人基本情况。包括：双方当事人的姓名、性别、民族、年龄、职业、单位或住址等自然情况。

(2)纠纷简要事实、争议事项及双方责任。即当事人双方产生纠纷的主要原因、过程，所争议的具体事项及内容，以及在该纠纷中双方当事人各自承担什么样的责任。在这里需要说明的是，由于人民调解活动是在双方当事人自愿的基础上进行的，目的在于增进群众之间的团结，消除纷争。因此，在制作调解协议时，应避免使用过于激烈或尖锐的语言，并且使当事人都能够接受。只有这样，才能起到更好地疏导矛盾纠纷，化解纷争的作用。

(3)双方当事人的权利和义务。即通过人民调解委员会的调解，当事人应在互谅互让、平等协商的基础上，达成解决纠纷的一致意见。这是人民调解协议最关键的部分，也是调解活动获得成功的具体体现。因此，在调解协议书中，当事人双方应当享有什么样的权利、承担什么样的义务必须清楚、明确和具体，不能含糊其辞、责权不明，以免在实际履行过程中产生争议，影响和削弱调解效果。

(4)履行协议的方式、地点、期限。履行调解协议的具体方式有许多种，具体适用哪一种或几种方式都要在协议中写明。同时,调解协议的履行地点、具体期限要在调解协议中加以明确,避免因方式、地点、期限不明导致协议无法得到实际履行,当事人的权益无法得到及时保护。

(5)当事人签名或盖章、调解主持人签名或盖章,人民调解委员会加盖印章。调解协议书制作完成后,要由双方当事人签名或盖章,表明双方当事人对该协议的认可,是双方真实意思的表示。由调解主持人签名或盖章和人民调解委员会加盖印章表明该调解协议是在人民调解委员会的主持下达成的。调解协议书制作完成后,由纠纷当事人各执一份,人民调解委员会留存一份,以便查阅归档。

(二)促请双方当事人切实履行调解协议

调解协议的履行,指当事人遵照调解协议,实现双方权利义务的活动。它是调解活动的继续和完成。在调解工作中,大多数当事人能够自觉履行调解协议,即在签署调解协议书后,负有义务的一方当事人(亦称义务人),不需要调解组织的督促和享有权利的一方当事人(亦称权利人)的催促,自觉主动地履行协议中确认应尽的义务事项和具体要求,使协议得以兑现。但是,调解协议主要依赖调解委员会的公信力以及公共道德和社会伦理的约束,促使当事人自觉履行。

但是在实践中,由于调解委员会主持达成的调解协议没有国家强制力,有些当事人签订了协议之后反悔或者不予履行。在调解中,当事人彼此最关心的事情就是对方能否信守协议,履行协议。

因此,在调解协调签署后,调解员应当对当事人进行必要的提醒,及时督促当事人尊重调解协议,自觉履行调解协议,调解员应当向双方当事人强调调解协议的合法性,《人民调解法》第31条规定:“经人民调解委员会调解达成的调解协议,具有法律约束力,当事人应当按照约定履行。”调解协议的达成执行了国家的法律、法规、规章、政策和社会主义道德,在内容上体现了当事人的意志,维护了当事人的合法权益。特别是协议的达成是在当事人提高了认识的基础上,出于自觉、自愿的心理,心平气和地进行协商的结果。只有在双方自愿信守、自觉履行协议规定事项之后,具体矛盾纠纷才完全彻底消除,调解才算最后成功。

(三)给双方当事人提供必要的建议或者告知解决纠纷的其他途径

《人民调解法》第26条:“人民调解员调解纠纷,调解不成的,应当终止调解,并依据有关法律、法规的规定,告知当事人可以依法通过仲裁、行政、司法等途径维护自己的权利。”从调解实践来看,调解不成包括两种情形:一是调解活动可能因为当事人无正当理由不到场而调解不成;二是因双方当事人经调解而无法达成共识,对于调解委员会或调解委员所拟定的解决方案,无法接受或不愿让步,致使调解协议无法签署。对于当事人无正当理由,于调解期日不到场的,视为调解不成立。但调解委员会认为当事人确有调解意望,可以考虑另定调解日期择日调解。无论因何种原因调解不成,调解员都应当向当事人告知解决纠纷的途径，这既是《人民调解法》的规定，也是对当事人负责的职业精神所在。依照现行的法律法规规定，当事人调解不成的，可以选择仲裁、法院诉讼等途径维护自己的合法权益。

二、调解末期的工作步骤

(一)起草并签署调解书

1.双方当事人达成调解意向，由调解员说明调解协议的核心内容，并征求双方当事人的意见；

2.由调解员制作调解笔录并及时制作调解书；

3.将调解笔录及调解书交双方当事人阅读或宣读，请其确定内容；

4.对当事人提出的疑问，由调解员进行说明；

5.当事人如有修正协议内容的文字或者语句，请双方当事人予以确定；

6.请双方当事人在调解笔录及调解书签字；

7.调解员与记录人员在调解笔录及调解书上签署名字。

(二)调解工作的结束

1.调解员向双方当事人致意，称赞当事人的合作态度和明智选择；

2.如调解未成立的情况，提醒当事人进行耐心、冷静思考，如有需要，可申请再次调解；

3.提醒双方当事人其履行协议的诚意与义务；

4.如需补证件的，提醒其按时补齐证件，以免影响调解书的履行；

5.正式结束调解工作。

(三)调解回访

现行《中华人民共和国人民调解法》对于调解成立案件并无后续的回访和追踪的规定，因此，民事纠纷的调解至正式调解末期即告终止。但是，双方当事人签署调解协议，仅仅表明民间纠纷作为一个案件来说，暂时有了一个结果，而调解协议是否依约履行；引起民间纠纷的起因是否彻底化解；当事人事后的情绪是否稳定，是否还有不满或者反悔等，这其中还有许多不确定的因素存在，从根本上化解矛盾、解决纠纷是调解工作的终极目标，所以从这个意义而言，在调解工作结束后，必须适时地落实案件的加访制度，及时与当事人加强沟通与交流，了解协议的履行情况。从调解的实践来看，调解回访可以分为调解人员回访和调解机构的回访。调解人员的回访主要是在调解工作结束后，承办案件的调解员为了落实调解协议的履行，巩固调解成果，及时与当事人加强沟通与交流，了解协议的履行情况。回访的主要途径是以调解员的走访为主，目的是了解调解的后续状况(包括当事人对调解协议的履行情况、当事人的工作、生活状况等）、对调解工作的评估及调解工作的后续辅导[①]。而调解机构的回访是由调解委员会派出专门的人员对调解案件中调解员的工作态度、工作水平、工作能力等方面的调查和了解，它是调解委员会及时发现并且解决调解员在调解过程中存在的问题、加强和完善民事调解监督的重要手段之一。从目前的调解来看，调解机构的回访形式丰富多彩、各具特点，主要有实地回访、定期座谈、书面评价、短信回访平台等。

调解回访制度是指人民调解委员会为了巩固调解成果，对纠纷调解已达成协议或未达成协议而终结调解的当事人所进行的检查访问制度。人民调解委员会对于纠纷调解已达成或未达成者一律要执行回访制度。特别是对重大疑难纠纷，调解员要定期进行回访。人民调解委员会在纠纷回访过程中，要注意发现、纠正调解工作中的错误，改进工作，听取群众的意见和要求，以巩固调解的成果，回访的主要内容包括：了解协议的执行情况；了解当事人的思想行为情况；有无新的纠纷苗头；对调解人员的意见建议；回访的对象主要是当事人和知情人，听取他们的意见。

三、调解末期的实务技巧与策略

（一）归纳与摘要

所谓归纳与摘要就是将双方当事人所述说过的内容、所表达出的情感及想法再做整理，再次以简单且明了的方式进行重复述说，可增进当事人的自我了解，以及做更深入的探索，一般而论，可由调解员进行归纳与摘要，也可以请当事人将所谈的内容做一整理。而摘要的时机可在一次调解结束之前或某一个调解主题即将完成时，在此阶段，主要是指在最后双方当事人进行协议内容讨论之过程当中，会将双方所表达的意见逐步地做摘要说明的处理，除了可让双方当事人准确、快速地了解对方的想法，亦是进一步明确调解主题，使在调解过程中所传达的信息不致过于混乱，加速协议讨论与达成。

---

① 调解的后续辅导主要是调解员协助和鼓励当事人觉察调解成效，巩固调解成果。在正式调解结束之后，有时会有当事人再回来向调解委员抱怨另一方当事人毫无改变，调解员也会在回访过程请当事人回想调解前后之差异，协助当事人去觉察到尽管改变不大，但确实存在，也希望能够借此提示当事人，一个人行为的改变非是一时三刻的事，需要更有耐心才行。并告知及提示当事人改变生活的状况并非一蹴可就的事情，需要时间的累积与相互的鼓励，协助其觉察到事实上已经有所改变。调解后续辅导对于家庭纠纷的调解比较常见。调解员实录："我会请她做一个叙述，你说他（男方）没有改变，你能不能讲个过程让我听听，她就讲又发生了什么事，我说这样的事情之前有常常发生吗，她说对，我说那个时候他的回应是怎么样，现在的回应又是怎么样，你要让她看到之前同现在回应的差别，你让她去看到有一丝丝的改变，我说这就是改变啦，她才会领悟到说原来有改变，要不然她会认为说没有改变。"

【调解员自述】

在他们讨论协议内容的时候啊，因为他们有时你一句、他一句的，就是意见很多，当中的信息传递就会有些混乱啊，这个时候，因为我们调解员就是要仔细地听他们的意见，然后适时地替代他们双方传达出来。

具体的协议内容需要他们当事人之间的直接讨论，那他们会有彼此拉锯的情形，那在这个过程当中，调解员就是协助他们双方啊，就是他们会说很多很多关于协议的意见，调解员要自己进行整理，再把这些当事人的意见给说出来，这样，那他们是当局者迷嘛，人家旁观者清啊，所以，调解员一定要在这个部分协助他们双方做一个整理，会有助于协议的达成。

(二)确认与澄清

在双方当事人交流与达成协议的过程中，对于即将达成协议的内容，调解员往往会予以复述，并且再次就相关协议的内容，进一步征求双方当事人的意见，明确确认协议的内容，对于协议内容存在的含混、歧义等进行必要的解释、说明，进一步澄清。

【调解员自述】

我会先把他们彼此的协议内容再确认与澄清一次，让他们(当事人)知道，今天达成了哪些共识，要让他们(当事人)清楚，这样，他们也会认为说，没错，我今天就是达成了这些协议，就像是一种宣告说我们今天就是这样敲定了。

那我的做法是言归正传地再重新说一次，先再问一次刚刚他们的共识是什么，先确认好协议的内容，然后是澄清有没有什么遗漏或错误的地方。

(三)确立调解结果，协议内容的及时书面化

通常在双方当事人达成共识之后，调解员往往应当迅速地制作调解书(至少应当及时制作调解笔录，请双方当事人签字确认)，将双方当事人所达成的协议，以正式文件予以呈现，这样，可以适当地减低当事人心中的犹豫以及稳固当事人承诺的效果。

【调解员自述】

当双方达成了协议且经过确认之后，那接下来我就会把协议的内容尽快形成正式的文件，那调解书弄好之后，也会再跟双方确认一次，如果没问题那就差不多了。

【调解员自述】

调解完成之后，我们会把内容跟双方当事人说，那我们可以不用草稿，到这边就用刚才我们讲的就好了，将调解的重点内容讲出来，我会帮你写好，这是调解书，双方就

和解内容看过后没问题就可以签名，正常的情况要盖章，如果章子没带也可以按手印，那这就是确立调解的协议内容。

（四）调解员建议

调解委员会或者调解员对当事人提出建议，主要是指对于案件的处理途径、处理方法等提出的意见和想法。一般而言，在进入正式调解之前所使用的建议，主要是指调解委员会针对那些不适合申请或参与调解的当事人，说明调解的性质、调解机构的受案范围等，建议当事人向相关部门申请处理。而在正式调解末期所使用的建议，当双方当事人经历调解后仍无法达成协议时，会告知虽然无法在此次达成协议，但是只要双方当事人有意愿的话，还是随时都能再回来调解。而对于最终仍然无法达成协议的当事人，建议他们到相关部门进行处理，同样也包括有些案件最终调解得以成立，但双方当事人间存在的问题恐仍无法完全在调解中得以解决，调解员应该转换角色，从旁观者的角度对相关当事人提出忠告和建议，帮助当事人彻底解决存在的矛盾。

【调解员自述】

如果在当下没有办法达成协议的时候，那我会先观察看看他们是否还有意愿和解，还有就是问问他们的意见，假如还有和解的可能，会告诉他们还可以再约下次再谈看看这样，再给自己和彼此一个机会。

【调解员自述】

我会留个伏笔，伏笔就是说假设性我告诉你嘛，那你需要我可以再回来找我，我不会当下就说一次要搞定，不急，真的有些事情急不得，心急吃不了热豆腐，矛盾不是一天积下，也需要有个认识的过程。

【调解员自述】

如果调解到最后，双方当事人仍然没有办法达成协议，然后又认为他们并不适合再继续调解的话，有时候我们也会考虑将他们再转介到其他比较适合的相关单位这样。

到了最后，除双方当事人无法调解而可能采取转介其他单位之外，事实上有时候虽然调解成立了，但是他们的问题却可能还没有完全解决啊，可能还需要有一些什么婚姻咨询或辅导之类的，就也会问他们一下看有没有需要帮他们介绍或转介这样。

【调解实录】

调解员：来来还是拉拉手，还是妹妹主动点，一对姐妹花多好看啊，现在又是生了三个孩子，本来就是一家人，其乐融融，不管家里面有多大的矛盾，你们两个总是要一条心的，你们是亲姐妹啊，亲姐妹总是要一条心的，要把爸爸照顾好、孝顺好。能不能答应我？

（点头示意）

妹妹：爸爸跟他们在一起的话，我会尽力的，但是，我还是要说，爸爸那个高血压跟风湿病的药不能断的，我还是希望他们能做到的。

调解员：药是不能断的噢！这是妹妹的叮嘱，听到了噢！

调解员：作为外公来说，两个，啊，三个都是外孙、外孙女，他作为外公，他出于关心照顾照顾外孙女，现在两家女儿女婿之间，他们闹不开心，那么，您在中间夹着，也很难受，我给您一个建议，三个外孙子外孙女，您尽量要做到让他们觉得您是公平的，您心里这杆秤尽量要公平，手心手背都是肉，三个都是外孙外孙女，对不对？那么您关心要尽量要均衡点，不要让两个女儿觉得你关心妹妹的孩子而没有关心姐姐的孩子，她们心里面会不舒服的，当然，我也会做她们的工作，你关心外孙女是你的意愿，让他们在这个问题上不要给您闹矛盾了，双方也不要争风吃醋了，啊，你觉得我这样说有没有道理？（走向大女婿）

大女婿：有一定道理。

调解员：有道理，是不是？咱们也可要给老人小孩营造一个宽松的生活环境。[1]

① 浙江电视台教育科技频道《有话好好说》2013年9月26日。

第十一章　调解协议的效力及调解不成的处理

如前所述，目前，我国存在着司法调解、人民调解、行政调解及仲裁调解等几大调解体系，由于人民法院、行政主体及人民调解委员会的性质各异，调解的理念依旧存有差异，各类调解协议的性质及法律效力也非完全相同。同时，由于各大调解机关的职能不一，虽然对于当事人调解不成的，均不再进行调解，但是，对于调解不成的后续处理的方式却是各有千秋。比如，人民法院对于当事人调解不成的案件，仍然由法院继续行使审判权，及时判断。而人民调解委员会则是结束调解活动，建议当事人选择其他途径解决纠纷，也有调解不成，直接进行裁决。同为调解，其性质、效力及后续处理却千差万别，往往造成了当事人置身于云里雾里，不知所措，因此，有必要进行厘清。

一、法院调解协议及其法律效力

(一)法院调解书的性质

法院调解协议是在人民法院审判人员的主持下进行的，双方当事人互谅互让，自愿达成协议，并依法定程序自愿接受调解协议所产生的法律后果。

双方当事人达成调解协议后，须由人民法院制作调解书。调解书是由人民法院制作的、以调解协议为主要内容的法律文书。《民事诉讼法》第 97 条规定："调解达成协议，人民法院应当制作调解书。调解书应当写明诉讼请求、案件的事实和调解结果。调解书由审判人员、书记员署名，加盖人民法院印章，送达双方当事人。调解书经双方当事人签收后，即具有法律效力。"

人民法院在双方当事人达成调解协议的基础上，制作调解书，是在当事人自愿调解的基础上行使审判职权，是当事人调解自决权与审判权的结合。审判人员所进行的调解活动属于广义范畴的审判活动，具有审判上的意义，而人民法院的调解书也具有司法的性质。

制作调解书的目的是明确当事人之间的权利义务关系，同时也表明人民法院对当事人之间的协议予以认可。因此，法律规定，人民法院通过调解活动，当事人自愿达成调解协议的，一般应制作调解书。但是在某些特殊情况下，当事人达成调解协议的，法律规定不需制作调解书。根据民事诉讼法第98条的规定，不需制作调解书的案件有：(1)调解和好的离婚案件；(2)调解维持收养关系的案件；(3)能够即时履行的案件；(4)其他不需要制作调解书的案件。

(二)法院调解书的效力

原则上，调解书应自双方当事人签收调解书后才发生法律效力。

《民诉法》第97条规定："调解书经双方当事人签收后，即具有法律效力。"第98条第2款规定："对不需要制作调解书的协议，应当记入笔录，由双方当事人、审判人员、书记员签名或者盖章后，即具有法律效力。"对于不需要制作调解书的调解协议，应当记入笔录，由双方当事人、审判人员、书记员签名或盖章。履行完上述法律手续的调解协议与生效的调解书具有同等的法律效力。调解协议或调解书生效后，与生效判决具有同等的法律效力，具体表现在以下几方面：

1.诉讼结束，当事人不得以同一事实和理由再行起诉；

2.一审的调解协议或调解书发生效力后，当事人不得上诉；

3.当事人在诉讼中争议的法律关系中的争议归于消灭，当事人之间实体上的权利义务关系依调解协议的内容予以确定；

4.具有给付内容的调解书，具有强制执行力。当负有履行调解书义务的一方当事人未按调解书履行义务时，权利人可以根据调解书向人民法院申请强制执行。

双方当事人达成调解协议的，对于不需要制作调解书的案件而言，双方当事人、审判人员、书记员在调解协议上签名或盖章后，调解即具有法律效力。

(三)法院调解不成的处理

《民事诉讼法》第99条规定："调解未达成协议或者调解书送达前一方反悔的，人民法院应当及时判决。"据此，人民法院对案件调解不成的，可以直接行使审判，及时判决。对于双方当事人不愿意调解，未能达成协议，直接由人民法院及时判决，并无异议。而对于调解书送达前一方反悔的，即人民法院依据当事人的协议制作的调解书在送达当事人签收前，任何一方无须任何理由均可反悔。这一规定不仅在理论存有异议，而且也在司法实践中存有较大的困惑。允许当事人随意反悔调解，一是与《民法通则》的规定不符。《民法通则》第57条规定："民事法律行为从成立时起具有约束力，行为人非依法律规定或对方同意，不得擅自变更或解除。"而调解协议是双方当事人为妥善解决纠纷，在意思表示真实的基础上达成的一种协议，当事人之间达成的调解协议的过程完全符合民事法律行为的构成要件；二是有损法院的司法权威。法院调解是一项严肃的司法活动，在法官的主持下，当事人达成协议，不仅是当事人之间磋商的结果，也是法院制作调解书的直接依据，如果允许当事人对调解协议反悔，并进而可以拒签调解书，将使法院裁判文书的效力受到当事人意志的左右，诉讼行为的严肃性受到挑战，司法权威亦受到严重损害；三是违背了诉讼效益的原则。这种规定，容易助长当事人在诉讼调解过程中的草率行为，不利于提高诉讼效率，加大了诉讼成本，造成恶意拖延的当事人有机可乘；四是损害了善意调解一方当事人的合法权益。当事人参与调解，原本希望能够妥善解决双方存在的争议，如果一方当事人只是借助协议拖延诉讼或达到其他个人目的，善意当事人对调解协议得到履行的合理预算就会落空，因此付出的成本也会成为不法者的“嫁衣”。

因此，最高人民法院的《民事调解规定》第 13 条规定：“根据《民事诉讼法》第 90 条第 1 款第(4)项规定，当事人各方同意在调解协议上签名或者盖章后生效，经人民法院审查确认后，应当记入笔录或者将协议附卷，并由当事人、审判人员、书记员签名或者盖章后即具有法律效力。当事人请求制作调解书的，人民法院应当制作调解书送交当事人。当事人拒收调解书的，不影响调解协议的效力。一方不履行调解协议的，另一方可以持调解书向人民法院申请执行。”《民事调解规定》的规定更符合中国国情，也更好地体现了司法权威及调解的效力。

二、人民调解协议

(一)人民调解协议的形式

《人民调解法》第 28 条规定：“经人民调解委员会调解达成调解协议的，可以制作调解协议书。当事人认为无须制作调解协议书的，可以采取口头协议方式，人民调解员应当记录协议内容。”

法律明确规定了人民调解协议可以采取书面和口头两种形式。对于双方当事人达成的调解协议，为防日后反悔，可以制作调解协议书。人民调解员可以根据情况，询问双方当事人是否要制作调解协议书。当事人认为无须制作调解协议书的，人民调解员没有必要再制作，但应当记录协议内容。这是由于双方当事人当时可能已经和解，认为只需口头协议即可，但事后仍有可能反悔，所以要求人民调解员记录协议在案，以备日后查阅。

总之，人民调解协议自双方当事人意思表示一致即宣告成立，无须特定的形式，书面和口头均可，但一定要有可供查阅的资料，无论是制作调解协议书，还是将双方调解的结果记录在案都是为了达到这一目的。人民调解员在处理矛盾纠纷时，可以建议双方当事人制作调解协议，但对于双方当事人坚决要求不制作调解协议的，人民调解员也不可以勉强。

(二)人民调解协议的法律效力

调解协议是由国家法律规定设立的人民调解委员会的主持下达成的解决纠纷的协议，作为由法定的调解组织主持而达成的协议，对纠纷各方当事人具有约束力，当事人应当依协议确定的内容履行。协议是依法达成的,对负有履行义务的当事人来说,具有依法履行调解协议规定的义务的约束力。如果负有义务的一方当事人既不履行法律规定的义务,又不向其他国家机关申请解决,那么该当事人要承担由此造成的一切法律后果。《中华人民共和国人民调解法》第31条规定:"经人民调解委员会调解达成的调解协议,具有法律约束力,当事人应当按照约定履行。"

关于人民调解协议法律效力的性质,是民事合同的性质?还是高于民事合同的性质?在《人民调解法》颁布前,理论界、司法实务界一直存有较大的争议。① 随着《人民调解法》的颁布,特别是《人民调解法》设立的调解协议司法确认制度,有关协议法律效力的争议已逐渐平息,调解协议的民事合同观点和调解协议的直接强制执行的观点已经淡出学术争议,较为一致的观点是:人民调解协议的法律约束力应当被理解为区别并高于、强于民事合同的法律效力,同时仍未具备与法院的裁判或调解书以及仲裁裁决等同样的强制执行力。目前的困难是无法在文字表述上给这种法律效力下一个精确严密的定义。

(三)人民调解协议的履行

调解协议的履行是调解活动的继续,履行调解协议的方式,可以分为自觉履行和督促履行两种。

1. 自觉履行

就是在调解协议中负有义务的一方当事人(简称义务人)自觉主动地发行协议中确认应尽的义务事项和具体要求,使协议得以兑现。在调解工作的实践中,大多数当事人能够自觉履行调解协议,因为调解协议的达成执行了国家的法律、法规、规章、政策和社会主义道德,在内容上体现了当事人的意志,维护了当事人的合法权益。特别

① 最高人民法院于2002年9月5日通过了《关于审理涉及人民调解协议的民事案件的若干规定》,首次明确了人民调解协议具有民事合同的性质。根据《若干规定》第1条的规定,经人民调解委员会调解达成的,有民事权利义务内容,并由双方当事人签字或者盖章的调解协议,具有民事合同性质。当事人应当按照约定履行自己的义务,不得擅自变更或者解除调解协议,此后《人民调解工作若干规定》明确规定:"经人民调解委员会调解达成的、有民事权利义务内容,并由双方当事人签字或者盖章的调解协议,具有民事合同性质。当事人应当按照约定履行自己的义务,不得擅自变更或者解除调解协议。"理论界则存有不同的说法,这些说法可按效力的"高、低或强、弱"及其中间的程度被大致区分为三种观点。对调解协议法律效力最低程度的理解是认为其相当于民事合同;(参见李刚主编:《人民调解概论》,中国检察出版社2004年版,第200—203页;邱永清、廖焕国:《调解协议的性质与法律效力》,《求索》2007年第4期)而另一极端则是把调解协议视为拥有可以直接付诸强制执行的效力;(参见陈楚天:《人民调解制度与人民调解协议的再完善》,《齐齐哈尔大学学报:哲学社会科学版》,2004年5月;袁兆春、刘同战:《人民调解制度的革新》,《法学论坛》2009年第5期)居于两者之间的观点有多种却显得比较含糊的表述,但其大致的意思不外是调解协议的效力既高于民事合同,又没有达到执行力这样的强度。(参见江伟、廖永安:《简论人民调解协议的性质与效力》,《法学杂志》2003年第2期;张卫平:《我国替代性纠纷解决机制的重构》,《法律适用》2005年第2期)

是协议的达成是在当事人提高认识、自觉调整调解需求的基础上，出于自觉、自愿的心理，心平气和地进行协商的结果。

2. 督促履行

就是在协议确认的履行义务的时间已到或者已经超过期限，而义务人还没有履行义务的情况下，人民调解组织去提醒、催促义务人发行义务。督促不是强制，而是促使当事人在自愿的前提下，积极履行承担的义务。《人民调解工作若干规定》第37条第1款规定："当事人无正当理由不履行协议的，应当做好当事人的工作，督促其履行。"《人民调解法》第31条第2款规定："人民调解委员会应当对调解协议的履行情况进行监督，督促当事人履行约定的义务。"

在调解工作中，调解委员会主持达成调解协议之后，最关心的事情就是当事人双方能否信守履行调解协议，没有自觉履行，调解委员会应当确认其没有不履行调解协议的正当理由后，对不履行调解协议的当事人进行说服教育，告知其相关法律、法规关于当事人应当自觉履行调解协议的规定，并讲明不履行协议的利弊得失。作为调解协议，只有在双方自愿信守、自觉履行协议规定事项之后，具体矛盾纠纷才完全彻底消除，调解才算最终成功。

人民调解工作有一个十分突出的特点，就是自始至终没有国家权力强制性，人民调解委员会没有强制执行的效力，人民调解协议的履行是出于当事人自觉自愿的行为。因此，当事人达成调解协议后反悔，拒不执行，或者履行了协议规定的部分义务而不履行剩余的其他部分义务，调解委员会不能强制执行，当事人也不能直接申请法院强制执行，结合法律的规定及调解实践，人民调解委员会可以采取以下措施：

(1)当事人对调解协议反悔，且双方当事人又请求或者同意人民调解委员会重新调解的，可以重新调解，变更原调解协议内容，或者重新达成新的调解协议；

(2)一方当事人对调解协议反悔，并不再接受人民调解委员会重新调解的，调解委员会经过说服教育无效后，应当告知双方当事人可以选择其他解决矛盾纠纷的途径。《人民调解法》第32条规定："经人民调解委员会调解达成调解协议后，当事人之间就调解协议的履行或者调解协议的内容发生争议的，一方当事人可以向人民法院提起诉讼。"人民调解委员会在此过程中应忠告当事人切不可实施违法、犯罪行为，也不可扩大矛盾纠纷，造成严重后果。

(四)人民调解不成的处理方法

《人民调解法》第26条规定："人民调解员调解纠纷，调解不成的，应当终止调解，并依据有关法律、法规的规定，告知当事人可以依法通过仲裁、行政、司法等途径维护自己的权利。"从调解实践来看，调解不成包括两种情形：一是调解活动可能因为当事人无正当理由不到场而调解不成；二是因双方当事人经调解而无法达成共识，对于当事人或调解所拟定的解决方案，无法接受或不愿让步，致使调解协议无法签署。对于当事人无正当理由，于调解日期不到场的，视为调解不成立。但调解委员会认为当事人确有调解意望，可以考虑另定调解期日择日调解。无论因何种原因调解不成，调解员都应当向当事人告知解决纠纷的途径，这既是《人民调解法》的规定，也是对当事人负责的职业精神所在。依照现行的法律法规规定，当事人调解不成的，可以选择仲裁、法院诉讼等途径维护自己的合法权益。

三、行政调解的效力及调解不成的处理

（一）行政调解协议的效力

有关行政调解的范围，综观当前盛行的观点，可以界定为两类：一是行政机关（包括具有行政管理职能的组织）与公民、法人或者其他组织之间的行政争议，此类行政调解的性质目前在理论中并没有获得统一的认识，基本上呈一种各自自圆其说的状态；[①]二是公民、法人或者其他组织之间产生的与行政管理有关的民事争议[②]。

对于第二类争议，其本质上应属于民事争议，行政机关仅仅是作为中立的第三方，本着效率原则，进行调解。从效力上看，此类行政调解协议不具有强制执行的法律效力。法律法规一般规定行政调解达成协议后应当制作调解协议书，调解协议书由双方当事人签名、盖章后具有法律效力。至于调解具有何种法律效力，法律法规未作规定。2009年《最高人民法院关于建立健全诉讼与非诉讼相衔接的矛盾纠纷解决机制的若干意见》对行政调解的效力予以明确：行政机关依法对民事纠纷进行调处后达成的有民事权利义务内容的调解协议或者做出的其他不属于可诉具体行政行为的处理，经双方当事人签字或者盖章后，具有民事合同性质，法律另有规定的除外。

（二）行政调解不成的处理办法

对于第一类行政争议案件，就是行政机关（包括具有行政管理职能的组织）与公

① 刘利鹏：《行政调解的法制现状与未来课题》，《十堰职业技术学院学报》，2012年第5期。

② 2007年《行政复议法实施条例》将行政调解纳入行政复议中，规定行政复议机关在两种情形下可以按照自愿、合法的原则进行调解，公民、法人或者其他组织对行政机关行使法律、法规规定的自由裁量权做出的具体行政行为不服申请行政复议的；二是当事人之间的行政赔偿或者行政补偿纠纷。对于此类行政调解，学术界观点大相径庭。否定观点认为行政调解不是行政行为，仅是一种与行政管理职能相关的行为。（引自胡建淼：《行政法学》，北京：法律出版社2003年版，第368页。）而赞成的观点认为行政自由裁量权不仅存在于行政行为的决策阶段，在行政行为做出后，行政主体也有在裁量幅度内重新修改的权利。行政主体与相对方进行调解，实际上是重新确定裁量幅度，改良行政行为的活动。（引自田文利：《非强制性行政行为及其法治化路径研究》，北京：知识产权出版社，2008。）

民、法人或者其他组织之间的行政争议，此类案件调解不成的，法律规定较为明确，由行政机关继续行使行政权，使案件回复到调解处理前的状态。如《公安机关办理行政案件程序规定》第151条规定，对调解最终未达成协议或者达成协议后在履行之前反悔的，公安机关应当对违反治安管理行为人依法予以处罚。此类行政调解在我国具有悠久的传统，比如1991年国务院出台的《道路交通事故处理办法》第5章即对公安机关的调解做出了详细规定，并将公安机关调解作为民事诉讼前置程序。

而对于第二类争议，即公民、法人或者其他组织之间产生的与行政管理有关的民事争议，依据我国现行法律体系，涉及此类行政调解的法律规范种类繁多，既有中央立法，又有地方立法；既有基本法律，又有行政法规和部门规章，且现有法律规范对行政调解的规定大多较为原则，缺乏对行政调解程序设置、管辖机构、调解人员等内容的细化规定，容易造成调解程序的随意化、调解效力的疲软化等不足。综合现实的法律和行政法规的规定，对行政机关对民事争议调解不成或者调解反悔的处理大致可以分以下几种类型：

1.调解不成或者调解反悔，可以向人民法院提起民事诉讼。《中华人民共和国商标法》第60条规定："对侵犯商标专用权的赔偿数额的争议，当事人可以请求进行处理的工商行政管理部门调解，也可以依照《中华人民共和国民事诉讼法》向人民法院起诉。经工商行政管理部门调解，当事人未达成协议或者调解书生效后不履行的，当事人可以依照《中华人民共和国民事诉讼法》向人民法院起诉。"

我国《治安管理处罚法》第9条规定："对于因民间纠纷引起的打架斗殴或者毁损他人财物等违反治安管理行为，情节较轻的，公安机关可以调解处理。经公安机关调解，当事人达成协议的，不予处罚。经调解未达成协议或达成协议后不履行的，公安机关应当依照本法的规定对违反治安管理行为人给予处罚，并告知当事人可以就民事争议依法向人民法院提起民事诉讼。"

《世界博览会标志保护条例》第9条规定："未经世界博览会标志权利人许可，为商业目的擅自使用世界博览会标志即侵犯世界博览会标志专有权，引起纠纷的，由当事人协商解决；不愿协商或者协商不成的，世界博览会标志权利人或者利害关系人可以依法向人民法院提起诉讼，也可以请求工商行政管理部门处理。应当事人的请求，工商行政管理部门可以就侵犯世界博览会标志专有权的赔偿数额进行调解；调解不成的，当事人可以依法向人民法院提起诉讼。"

《奥林匹克标志保护条例》第10条规定："……进行处理的工商行政管理部门应当事人的请求，可以就侵犯奥林匹克标志专有权的赔偿数额进行调解；调解不成的，当事人可以依照《中华人民共和国民事诉讼法》向人民法院提起诉讼。"

2.法律法规仅仅对行使调解权进行了抽象化、原则化的规定，无论对调解程序、期限还是调解协议的效力及调解不成的处理等缺乏具体、明确的规范。比如《妇女权益保护法》第48条规定:“妇女的合法权益受到侵害时,被侵害人有权要求有关主管部门处理,或者依法向人民法院提起诉讼。妇女的合法权益受到侵害时,被侵害人可以向妇女组织投诉,妇女组织应当要求有关部门或者单位查处,保护被侵害妇女的合法权益。”此法律仅仅规定,有关主管部门可以进行处理,但是,对于“处理”含义及程序没有进一步的规定。此类现象还出现在《防治船舶污染海洋环境管理条例》《医疗事故处理条例》《铁路交通事故应急救援和调查处理条例》《铺设海底电缆管道管理规定实施办法》等法规和规章。

3.行政法规对调解的职能、程序有了较为明确的规定,但是对调解不成的处理结果,语焉不详。比如《道路交通安全法实施条例》,该法第94条:“当事人对交通事故损害赔偿有争议,各方当事人一致请求公安机关交通管理部门调解的,应当在收到交通事故认定书之日起10日内提出书面调解申请。”第95条:“公安机关交通管理部门调解交通事故损害赔偿争议的期限为10日。调解达成协议的,公安机关交通管理部门应当制作调解书送交各方当事人,调解书经各方当事人共同签字后生效;调解未达成协议的,公安机关交通管理部门应当制作调解终结书送交各方当事人。”该法对公安机关行使调解权的期限、调解书的形式等规定非常详细,是目前我国相关行政法律法规对调解内容最为详细的规定,但遗憾的是,该法并没有明确规定调解不成如何处理。同样问题在《专利法》中也有所出现,《专利法》第81条规定了处理专利侵权纠纷或者调解专利纠纷的专利机关管辖权以及如何解决重叠管辖的问题,但是对专利纠纷调解不成的结果没有具体规定。

4.对调解不成的案件,由政府部门或者仲裁机关处理。第一种是属于纠纷的特殊性质决定此类纠纷具有不可诉的特性,只能由政府机关进行处理。比如,《行政区域边界争议处理条例》第11条规定:“省、自治区、直辖市之间的边界争议,由有关省、自治区、直辖市人民政府协商解决;经协商未达成协议的,双方应当将各自的解决方案并附边界线地形图,报国务院处理。国务院受理的省、自治区、直辖市之间的边界争议,由民政部会同国务院有关部门调解;经调解未达成协议的,由民政部会同国务院有关部门提出解决方案,报国务院决定。”另一种情况则比较特殊,比如《上海交通事故调查处理条例》第27条规定:“不愿意调解或调解不成的,当事人可以向海事法院起诉或申请海事仲裁机构仲裁。”再比如,《石油地震勘探损害补偿规定》第7条规定:“当事人双方对石油地震勘探损害补偿问题发生纠纷时,首先应当协商解决,协商不成的,提请当地县级人民政府及其指定的部门调解处理;对调解处理决定不服的,任何一方可在接到处理决定之日起15日内向所在地人民法院起诉,但在调解和诉讼期间,应当保证地震作业队正常作业。”该法一反寻常没有使用通常的“调解不成”或者“不愿调解”的定义,而是使用“调解不服”的特殊定义,显然没有很好体现调解的特点,而主观地套用了一般诉讼原理。

四、其他社会调解机构的调解不成的处理

我国社会调解机构受理的案件类别繁多，性质比较复杂，但是，对于社会调解机构调解协议的效力，一般均认为是民事协议的性质，不具有强制执行的效力。2009 年最高人民法院《关于建立健全诉讼与非诉讼相衔接的矛盾纠纷解决机制的若干意见》第 9 条规定："没有仲裁协议的当事人申请仲裁委员会对民事纠纷进行调解的，由该仲裁委员会专门设立的调解组织按照公平中立的调解规则进行调解后达成的有民事权利义务内容的调解协议，经双方当事人签字或者盖章后，具有民事合同性质。"第 10 条规定："人民法院鼓励和支持行业协会、社会组织、企事业单位等建立健全调解相关纠纷的职能和机制。经商事调解组织、行业调解组织或者其他具有调解职能的组织调解后达成的具有民事权利义务内容的调解协议，经双方当事人签字或者盖章后，具有民事合同性质。"

而对于社会调解协议的履行，总体原则还是要求当事人自觉履行调解协议，当事人不履行调解协议的，当事人可以按照《中华人民共和国公证法》的规定申请公证机关依法赋予强制执行效力。2009 年最高人民法院《关于建立健全诉讼与非诉讼相衔接的矛盾纠纷解决机制的若干意见》第 12 条规定："经行政机关、人民调解组织、商事调解组织、行业调解组织或者其他具有调解职能的组织对民事纠纷调解后达成的具有给付内容的协议，当事人可以按照《中华人民共和国公证法》的规定申请公证机关依法赋予强制执行效力。债务人不履行或者不适当履行具有强制执行效力的公证文书的，债权人可以依法向有管辖权的人民法院申请执行。"第 13 条规定："对于具有合同效力和给付内容的调解协议，债权人可以根据《中华人民共和国民事诉讼法》和相关司法解释的规定向有管辖权的基层人民法院申请支付令。申请书应当写明请求给付金钱或者有价证券的数量和所根据的事实、证据，并附调解协议原件。"

对于社会调解机构调解不成的案件，目前，我国法律法规往往规定了向仲裁机构申请仲裁或者向人民法院起诉，如《中华人民共和国农村土地承包经营纠纷调解仲裁法》第 3 条规定："发生农村土地承包经营纠纷的，当事人可以自行和解，也可以请求村民委员会、乡（镇）人民政府等调解。"该法第 4 条规定："当事人和解、调解不成或者不愿和解、调解的，可以向农村土地承包仲裁委员会申请仲裁，也可以直接向人民法院起诉。"

需要指出的是，在众多社会调解中，劳动争议纠纷的调解具有特殊性。《劳动争议调解仲裁法》对劳动争议纠纷的调解程序设置更为烦琐。《中华人民共和国劳动争议调解仲裁法》第 5 条规定：" 发生劳动争议，当事人不愿协商、协商不成或者达成和解协议后不履行的，可以向调解组织申请调解；不愿调解、调解不成或者达成调解协议后不履行的，可以向劳动争议仲裁委员会申请仲裁；对仲裁裁决不服的，除本法另有规定

的外，可以向人民法院提起诉讼。”复杂的程序设置，不利于社会资源的合理配置，也不利于当事人的权益的实际维护，更何况作为仲裁环节，仲裁员本身即可行使调解权利，有更迭与重复之嫌。

五、“三联三调”案件的调解不成的处理

“三联三调”大调解工作机制在人民调解与司法调解、行政调解的衔接方面进行了有益的探索，“三联”是指司法行政机关与人民法院、司法行政机关与人民检察院、司法行政机关与公安机关协调配合，运用人民调解方式在现有法律框架内化解轻伤害案件、民事案件、治安案件的联动工作机制；“三调”是指人民调解委员会接受人民法院、人民检察院、公安机关委托，参与调解民事案件和轻伤害案件、治安案件中的民事赔偿部分，并促使当事人平等协商、互谅互让，达成调解协议，及时有效地化解各类矛盾纠纷的工作机制。

“三联三调”工作机制中，人民调解委员会处理的案件分别涉及治安案件、轻伤害案件，对这些案件调解不成的处理结果有别于其他民事纠纷调解不成的处理，从 2008 年开始，先后有上海、山西等省、市制定《关于轻伤害案件委托人民调解组织调解的若干意见》《关于民事案件委托人民调解组织调解的若干意见》和《关于治安案件委托人民调解组织调解的若干意见》等规范性文件，从这些规范性文件的精神和内容来看，人民调解委员会对接受委托的民事案件、轻伤害案件、治安案件调解不成的，应当由原受理案件的公安机关、人民法院分别依照《民事诉讼法》《刑事诉讼法》《治安处罚法》做出司法裁决或者行政处罚。

“诉前调解未能达成协议，当事人持人民调解组织出具的调解终结书向人民法院起诉的，人民法院应当依照法律规定及时受理案件，并将该纠纷经过人民调解组织调解的情况，在裁决文书中予以说明。”[①]“审前、审中经人民调解组织主持调解未能达成调解协议，或者达成的调解协议无效、被撤销，或当事人达成协议后反悔的，人民法院应当依法对案件进行审理，并将该纠纷经过人民调解组织调解的情况，在裁决文书中予以说明。”[②]对于轻伤害案件的调解则根据案件的不同阶段进行不同的处理。侦查起诉阶段的轻伤害案件的处理，“达成调解协议并履行的，公安机关根据立案与否做出不予立案的决定或撤销案件的决定。未达成调解协议或者达成调解协议后不履行的，公安机关未立案，可以立案或由当事人选择自诉；已经立案的，侦查程序继续进行”[③]；审查起诉阶段，“达成调解协议并履行的，人民检察院可视情节做出不起诉决定。未达

① 上海市高级人民法院、上海市司法局《关于规范民事纠纷委托人民调解的若干意见》2009 年 2 月 16 日颁发。

② 同上。

③ 上海市公安局、上海市司法局《关于治安案件委托人民调解组织的若干意见》。

成调解协议或者达成调解协议后不履行的，人民检察院应当继续审查起诉程序”。审判阶段，“调解协议并履行的自诉案件，由人民法院通知自诉人办理撤诉手续；公诉案件由人民法院恢复审理并可酌情对被告人做出免予刑事处罚处理。未达成调解协议或者达成调解协议后不履行的，人民法院应当继续审理并依法判决”。对于一般的治安案件的处理，“达成调解协议并履行的，公安机关对违反治安管理行为人不予处罚。未达成调解协议或者达成调解协议后不履行的，公安派出所对违反治安管理行为人给予处罚，并告知当事人可以就民事争议依法向人民法院提起民事诉讼”。①

① 上海市公安局、上海市司法局《关于治安案件委托人民调解组织的若干意见》。

第十二章　人民调解协议司法确认制度

人民调解虽然具有灵活性，并大大降低了法院的工作量，但其缺点也显而易见：由于是当事人自愿达成的，缺乏国家强制力，没有迫使当事人履行协议的强制力量存在。《人民调解法》第33条规定："经人民调解委员会调解达成调解协议后，双方当事人认为有必要的，可以自调解协议生效之日起30日内共同向人民法院申请司法确认，人民法院应当及时对调解协议进行审查，依法确认调解协议的效力。"人民调解协议司法确认机制能够强化人民调解的确定性，矫正人民调解的随意性。实践已证明，要想使矛盾和纠纷快速彻底地消失在基层，真正做到案结事了，实现社会效果和法律效果的统一，就要做到既尊重各方当事人的意见，又尊重人民调解协议。

一、人民调解协议司法确认制度的形成过程[①]

人民调解协议的履行，一方面依靠人民调解组织的监督，另一方面，也需要依靠公众舆论、社会道义、诚信意识的约束力，由当事人自觉履行。人民调解协议得到了当事人双方的认可，是当事人真实意思的表示，这是人民调解协议得到履行的重要基础。但是由于长期以来，人民调解协议的效力未得到法律的明确，缺乏法律强制力的保障，调解协议往往成为一纸空文。许多达成调解协议的纠纷，由于当事人的反悔或者拒不履行，最后仍然通过诉讼解决，增加了成本，浪费了社会资源，大大影响了人民调解工作的实效。因此，人民调解协议的强制执行问题一直是实务界最为关心、也是最为棘

---

① 有关人民调解协议司法确认制度的形成可参见以下文章：

周文馨：《非诉调解与司法活动无缝对接——甘肃全省推行人民调解协议诉前司法确认创新机制》，《法制日报》2009年6月7日；

潘静、杨魏：《人民调解协议诉前司法确认机制是合力化解矛盾纠纷的良好平台——访甘肃省高级人民法院院长梁明远》，《人民法院报》2009年7月28日；

徐育：《吴中法院发出全省首份〈调解协议司法确认判定书〉》，《江苏法制报》2009年9月15日；

周远：《廊坊探索化解矛盾纠纷新路　非诉调解协议实行司法确认机制》，《河北日报》2010年5月9日；

孙国华等：《探索司法确认　树立民调威信——浙江省安吉法院关于开展诉调对接工作的调查报告》，《人民法院报》2010年9月2日。

手的问题。

2007 年 3 月，甘肃省定西市中级人民法院进行了“人民调解协议诉前司法确认机制”的试点，具体过程为：人民调解委员会、行政机关等非诉调解组织对当事人之间的矛盾纠纷调解达成协议后，经当事人申请，人民法院认为协议合法有效，出具确定书确认该调解协议，赋予调解协议以强制执行效力。调解协议确认后当事人必须履行，不能反悔，也不能另行起诉。如果一方拒绝履行，另一方可申请人民法院强制执行。这一机制通过法院审查后出具确认书(决定书)的形式赋予人民调解协议以强制执行力。

鉴于其在化解民事纠纷，减少矛盾激化方面具有很好的实际效果，2009 年 5 月 15 日，甘肃省社会治安综合治理委员会、甘肃省高级人民法院、甘肃省司法厅联合下发了《关于推行人民调解协议诉前司法确认机制的意见》，决定在甘肃省全面推行“定西经验”。2009 年 7 月 24 日，最高人民法院出台《关于建立健全诉讼与非诉讼相衔接的矛盾纠纷解决机制的若干意见》，明确提出建立人民调解协议司法确认机制，将“定西模式”面向全国推广。

此后，人民调解协议司法确认工作在全国各地火热展开 。2010 年颁布的《中华人民共和国人民调解法》，设置了人民调解协议的司法确认制度，该法第 33 条规定：“经人民调解委员会调解达成调解协议后，双方当事人认为有必要的，可以自调解协议生效之日起 30 日内共同向人民法院申请司法确认，人民法院应当及时对调解协议进行审查，依法确认调解协议的效力，”“人民法院依法确认调解协议有效，一方当事人拒绝履行或者未全部履行的，对方当事人可以向人民法院申请强制执行。”首次从国家法律的形式确认了人民调解协议的司法确认制度。

2011 年 3 月 30 日起施行的《最高人民法院关于人民调解协议司法确认程序的若干规定》以法律解释的形式具体规定了司法确认程序的实施细节，使人民法院在具体实践司法确认程序时具有了可操作性，有利于保证司法确认程序的顺利实施。

二、人民调解协议司法确认的申请主体

《人民调解法》第 33 条规定：“……双方当事人认为有必要的，可以自调解协议生效之日起 30 日内共同向人民法院申请司法确认……”因此，在人民调解协议司法确认程序的启动环节，应该由当事人申请启动，而不能由法院依职权开启，在制度还是学术上，均已达到了高度共识。从《人民调解法》的相关规定来看，人民调解协议司法确认的启动须由双方当事人共同申请自无异议。但是学界争议的焦点在于是否允许一方当事人在未经对方同意之下启动司法确认程序。有学者从法学理论层面论证双方申请的合理性。“如果说法院判决获得正当性的逻辑是只要纠纷的处理经过了以辩论主义为基础的对抗过程并由依法设立的公正、中立和独立的法院做出了判决，该判决就是公正的、符合正义的；那么，诉讼外调解协议获得正当性的逻辑就是只要

调解过程自愿合法，调解结果是双方当事人合意达成的，调解结果就应当是正当的、符合正义标准的。"①"依法确认调解协议的效力。无疑，规定双方当事人共同申请，强调了调解的正当性基础，即双方当事人的合意。"②也有学者则站在实际操作的可行性角度提出反对意见，"……只有允许一方或者双方当事人都可以申请司法确认程序，才能够极大地发挥司法对于人民调解协议的法律监督，有利于诉讼和非诉讼机制的有力衔接。""换言之，要求双方申请无疑提高了确认程序的门槛。更重要的是，这种制度安排似乎又给了一方当事人特别是债务人极大的反悔空间，是对债务人的过度宽容甚至是纵容。在对方当事人不同意的前提下，对申请方当事人特别是作为债权人的申请方来说乃是一个极大的打击和不公平；"③"其中的'共同'二字尤为不妥。这使得任何一方当事人不能单独申请司法确认。固然，这样立法设置提升了当事人申请司法确认的门槛，但也抑制了当事人提请法院确认的积极性，大大削弱了诉外调解协议的司法确认的威慑性。因此，规定允许任何一方当事人或双方当事人共同申请司法确认，不仅能够有利于诉讼与非诉讼的有效衔接，也有利于发挥司法机制对调解协议的法律监督职能，进而最大程度地发挥调解组织的功效。"④笔者认为：调解协议双方当事人意思自治，是确认决定书正当性的来源。人民调解委员会通过说服、疏导等方法，促使当事人在平等协商基础上自愿达成调解协议，解决民间纠纷。调解协议是双方当事人合意的结果，也是当事人行使处分权的结果。申请司法确认赋予强制力更是双方当事人对该调解结果的进一步确定，通过程序处分权的行使来固定实体的权利义务，这也是双方当事人一个合意的过程和结果，故现行法律规定需要双方共同申请是有法理根据的。

三、人民调解协议司法确认申请时间

根据《人民调解法》的规定，当事人在达成调解协议后，可以在 30 日内共同向人民法院申请司法确认。为便于人民法院审查，当事人申请确认调解协议，应当向人民法院提交司法确认申请书、调解协议和身份证明、资格证明，以及与调解协议相关的财产权利证明等证明材料，并提供双方当事人的送达地址、电话号码等联系方式。委托他人代为申请的，必须向人民法院提交由委托人签名或者盖章的授权委托书。当事人申请时，原则上应当提供调解协议书。如果当事人达成的是口头调解协议，则应当提供已经达成调解协议的有效证明，如人民调解委员会制作的调解工作记录。人民法院收到当事人司法确认申请，应当在 3 日内决定是否受理。人民法院决定受理的，应当编

① 潘剑锋：《论司法确认》，《中国法学》2011 年第 3 期。

② 同上。

③ 洪冬英：《论调解协议效力的司法审查》，《法学家》2012 年第 2 期。

④ 朱腾飞：《调解协议司法确认机制研究》，《江苏警官学院院报》2011 年 5 月。

立“调确”字案号，并及时向当事人送达受理通知书。双方当事人同时到法院申请司法确认的，人民法院可以当即受理并做出是否确认的决定。

四、人民调解协议司法确认管辖法院

关于司法确认的管辖法院，《人民调解法》本身没有具体的规定，2011 年最高人民法院《关于人民调解协议司法确认程序的若干规定》对司法确认管辖法院规定较为详尽。该《若干规定》第 2 条规定：“当事人申请确认调解协议的，由主持调解的人民调解委员会所在地基层人民法院或者它派出的法庭管辖。人民法院在立案前委派人民调解委员会调解并达成调解协议，当事人申请司法确认的，由委派的人民法院管辖。”

五、法院受理人民调解协议司法确认案件的范围

相比于《民事诉讼法》规定人民法院对民事案件的管辖范围，《人民调解法》对于人民调解委员会受理的案件范围较为宽泛，与《民事诉讼法》规定的人民法院受理民事案件的范围存在着比较大的差异，即人民调解委员会受理的、并且已经达成调解协议的案件，而依照《民事诉讼法》的规定，却超越了人民法院的受理范围，这在现实中，给人民法院受理司法确认案件带来了难题。为此，2001 年最高人民法院的《若干规定》进行了进一步的厘清。该《若干规定》明确规定人民法院在 4 种情形下不受理司法确认申请：

1. 不属于人民法院受理民事案件的范围或者不属于接受申请的人民法院管辖的；
2. 确认身份关系的；
3. 确认收养关系的；
4. 确认婚姻关系的。

根据该司法解释的规定，首先，人民法院不受理就非民事调解协议提出的司法确认申请。[①] 其次，人民法院不受理确认身份关系、收养关系及婚姻关系的申请。身份

---

① 在起草《若干规定》过程中，有一种观点提出，人民调解委员会对轻微刑事案件主持调解达成协议后，当事人也可以申请司法确认。其理由是人民调解委员会可以根据《人民调解法》调解民间纠纷。民间纠纷的范围广泛，包括了民事案件和部分轻微刑事案件。因此。可以申请确认的调解协议既包括民事调解协议，也应当包括就轻微刑事案件达成的人民调解协议，而且可以规定调解协议经确认后，当事人不得再提起自诉。《若干规定》并未吸收该观点，《若干规定》在序言中明确规定确认的调解协议范围为“民事调解协议”，原因有三：第一，人民调解委员会对民事纠纷的调解经验相对丰富一些，目前法院开展的司法确认工作也主要针对民事调解协议；第二，虽然有的人民调解委员会也对部分轻微刑事案件进行调解并取得了较好的效果。但这项工作尚处于初步探索阶段，还不够成熟；第三，对民间纠纷内涵和外延的理解目前尚存争议。（参见卫彦明、蒋惠岭、向国慧：《〈关于人民调解协议司法确认程序的若干规定〉的理解与适用》，《人民司法》2011 年第 9 期）

关系、收养关系、婚姻关系是否存在以及是否需要解除，不仅对当事人本人，而且对整个社会的和谐稳定都具有重要影响，当事人应当慎重处理上述关系。如果确实需要对上述关系是否存在进行认定、确实需要解除上述关系，应当通过诉讼或者其他法定方式解决。以婚姻关系为例，如果当事人协议解除婚姻，可以到民政部门办理离婚手续。如果对离婚涉及的财产分割等问题有争议，可以通过诉讼方式解决。但是，当事人在办理离婚手续后就财产纠纷达成人民调解协议的，可以申请司法确认。

因此，结合《民事诉讼法》和《人民调解法》等法律的规定，法院受理的人民调解协议司法确认的民事案件主要包括：

1. 人格纠纷案件。生命权、健康权、身体权纠纷，道路交通事故人事损害赔偿工伤事故损害赔偿、名誉权纠纷等；

2. 婚姻家庭、继承纠纷（除了确认身份关系、收养关系和婚姻关系）。婚约财产纠纷、离婚涉及的财产纠纷、赡养纠纷、法定继承纠纷、遗嘱继承纠纷等；

3. 物权纠纷。不动产登记纠纷、物权保护纠纷、所有权纠纷、用益物权纠纷、担保物权纠纷、占有保护纠纷；

4. 债权纠纷。借款合同纠纷、租赁合同纠纷、保险合同纠纷、产品质量损害赔偿纠纷以及不当得利、无因管理等纠纷；

5. 劳动争议、人事争议。劳动合同纠纷、社会保障纠纷、福利待遇纠纷等；

6. 与公司、证券、票据等有关的民事纠纷。企业兼并纠纷、企业出售纠纷、公司盈余分配纠纷、公司清算纠纷、申请破产清算纠纷等。

六、司法确认的法律后果

最高人民法院的《若干规定》确立了人民法院对于人民调解协议的审查采用书面审查与庭审相结合的原则。人民法院受理司法确认申请后，应当指定一名审判人员对人民调解协议进行审查。一般情况下，审判人员如果认为调解协议符合确认条件，可以在审查当事人申请、调解协议、有关证明材料基础上直接做出确认或者不予确认的决定。凡符合下列条件的，人民法院予以确认调解协议效力的情形：

1. 当事人具有相应的民事行为能力；

2. 当事人意思表示真实；

3. 协议内容不违反法律、行政法规的强制性规定；

4. 协议内容不损害国家利益、社会公共利益和第三人合法权益；

5. 不具有上述规定的不予确认的其他情形。

调解协议的司法确认程序，目的是将经调解组织主持达成的调解协议，以公权力介入的方式确定下来，实现诉讼与非诉的合理对接，提高其化解矛盾的作用，减轻司法部门压力。因此，调解协议经人民法院依法确认后即具有强制执行力。当事人可以据此申请人民法院强制执行。《人民调解法》第 33 条第 2 款规定："人民法院依法确认调解协议有效，一方当事人拒绝履行或者未全部履行的，对方当事人可以向人民法院申请强制执行。"

调解协议是接受调解的当事人双方或多方合意协商的结果，更强调发挥当事人的自主性。在司法确认程序中也要充分尊重私权，严格当事人意思自治。如果在确认程序中发现了部分不宜确认的情况，法官应当征询双方当事人意见。双方当事人同意部分确认的，可以仅就适宜确认的部分进行确认。当事人不同意部分确认的，应当做出不予确认的决定。根据《若干规定》规定，不予司法确认的情形：

1. 违反法律、行政法规强制性规定的；

2. 涉及是否追究当事人刑事责任的；

3. 涉及侵害国家利益、社会公共利益的，以及违背公序良俗的；

4. 涉及侵害案外人合法权益；

5. 内容不明确，无法确认和执行的；

6. 调解组织、调解员强迫调解或有其他严重违反职业道德准则的行为的；

7. 其他情形不应当确认的。

综合来看，《若干规定》明确有三大类人民调解协议不予确认：第一类为违法的协议，包括违反法律、行政法规强制性规定的协议，侵害国家利益、社会公共利益的协议，侵害案外人合法权益的协议；第二类为内容不明确的协议。确认调解协议的目的之一是使调解协议获得现实的强制执行力，强制执行的前提是执行的内容明确具体。如果不清楚需要执行的内容，确认调解协议也就没有多大意义了；第三类为损害社会公序良俗的协议。

《人民调解法》第 33 条第 3 款规定："人民法院依法确认调解协议无效的，当事人可以通过人民调解方式变更原调解协议或者达成新的调解协议，也可以向人民法院提起诉讼。"具体而言，人民法院确认协议无效的，若当事人以原纠纷起诉，人民法院应依法予以受理。如果双方当事人同意，当事人还可以通过人民调解方式变更原调解协议或者达成新的调解协议。

需要注意的是，《人民调解法》对于调解协议的司法确认采取了"人民法院确认调解协议无效"的说法，似乎倾向于人民法院对调解协议进行实体内容的审查，即人民法院在对调解协议的审查，需要对当事人的权利义务进行权威性的判断，而最高人民法院的《若干规定》则采用了"确认"或者"不予确认"的提法，更加倾向于对调解协议进行形式审查，并没有要求人民法院直接对调解协议效力进行判断，仅仅是要求法院是否确认当事人之间的调解协议。司法确认程序的基本功能是确认当事人达成的调解协议合法有效的事实，并不存在对当事人权利义务关系做出权威性判断，若当事人之间的调解协议不符合法律规定，法院只能驳回申请人确认效力的请求而不予以确认，而不能对当事人之间争议的权利义务关系做出判决。换句话说，当事人在诉讼外达成调解协议后，其争议即告消解，当事人申请确认调解协议的效力，其意图也仅仅是请求人民法院赋予调解协议强制执行力，而不在于法院查明事实，确定权利义务关系。对争议的权利义务关系寻求法院做出权威性判断，使当事人之间所生之纠纷得以解决，是诉讼程序的基本功能和特征；无争议且不解决实体权利争议，仅对一定事实进行权威性的认定，是非讼程序的基本程序功能和特征。因此，笔者认为：从司法确认程序启动的前提、目的和具体程序来看，最高人民法院的《若干规定》采用确认与否更符合非讼程序的特点，遵循非讼程序的法理。

附录　调解实务技能的训练素材

调解实务技能训练素材一

申请人王建章、朱平之女王辉(年龄为22岁)2005年7月8日独自离开安徽某县老家,意欲前往杭州寻找工作。王辉在某快餐店就餐时,遇到了杭州某货运公司司机卓某某也在此就餐,两人便搭讪相识。在交谈中,王辉得知卓某某所开的货车正要前往杭州,于是主动要求卓某某可否让其搭便车。卓某某当即同意。于是,王辉吃完快餐后,于当日下午3时左右,搭上卓某某的货车前往杭州。路途中,王、卓两人相谈甚欢。晚10时左右,夜深人静,货车行至浙江省内山路,车速缓慢,卓某某开始用言语挑逗王辉,遭到王辉的拒绝。继之,卓某某几次借操作方向盘的机会,故意触碰王辉身体,王辉均予以躲避或反抗直至王辉义正词严地要求卓某某停车,让其中途下车。卓某某在王辉的再三恳求下,最后只能将货车停靠在路旁。王辉收拾随身行李,正欲离开货车驾驶室时,卓某某突然抱住王辉,强行要求与王辉发生性行为,王辉奋力反抗,卓某某见王辉坚决不从,猛然卡住王辉的脖子,欲逼其就范。不想用力过度,王辉因窒息导致呼吸停止而死亡。卓某某见王辉已死,心急之下,将王辉的尸体抛至附近的山沟,随即驾车逃离现场。两天后,卓某某被公安机关抓获。经审理,某中级人民法院以故意杀人罪判处卓某某死刑,立即执行。在卓某某案件的审理过程中,王辉的父母了解到卓某某经济拮据,又有赌博恶习,几乎没有经济赔偿能力,因此,在一审和二审期间,均没有向法院提出刑事附带民事赔偿的诉讼请求。仅在卓某某二审期间,王辉的父母来到杭州某货运公司所在地的人民调解委员会,要求杭州某货运公司对其女儿的死亡承担31万元的赔偿责任并请求该人民调解委员会主持调解。其理由是卓某某是该货运公司的员工,卓某某是在为货运公司开车途中杀害了自己的女儿,因此,货运公司应当为自己员工的行为承担法律责任。

请问,你作为人民调解委员会的调解员,应该如何分析该案件是否具有可调解性?并且如何处理?

调解实务技能训练素材二

当事人俞蕾，女，某广告公司办公室员工，未婚，2007 年 8 月参加工作，工资收入 7000 元/月。

2009 年 5 月，当事人俞某某来到其爷爷所在街道的人民调解委员会，要求人民调解委员会调处其爷爷、奶奶的家庭纠纷。

俞蕾：我父亲俞林与我母亲感情不和，于 2003 年 5 月协议离婚，在离婚协议中对家中的财产进行了分割。我当时年龄还小，还在读书，所以，父母亲离婚分割财产的时候，没有考虑到我。他们协商同意将杭州朝晖四区某幢某单元 601 的房屋（面积 128 平方米，时价为 19000 元/平方米）和一套摄影器材（价值 20 万元）归我父亲，小车及其他财产归我母亲。父母离婚以后，我基本上和我父亲一起居住在杭州朝晖小区 601 的房屋。2008 年 11 月 15 日晚上，父亲因心脏病复发，经抢救无效而去世。由于父亲去世非常突然，没有留下任何的遗言。今年（2009 年）春节前后，我爷爷向我提出，说是要将我父亲的遗产处理好。以后，我多次到爷爷家去探望、照顾他们两老人，当然，在爷爷、奶奶家里，也提到我父亲的遗产问题，爷爷几次都说：房屋他们也带不走，就归我了，其他的财产（俞林有 39 万银行存款、一套价值近 20 万元的摄影器材）他们也只要一部分就行了，放在身边以后防防老就可以了，当时好像爷爷说只要给他们 20 万元就差不多了。他们也是说说而已，没有留书面的字据。我本来也打算，把我父亲在银行里存的钱拿出来，分给我爷爷奶奶。但是，因为父亲去世以后，户口取消了，银行也不让我把钱取出来，说是要求继承人签署继承协议后才可以取钱。所以，我一直取不出钱来，当然也没有将钱给爷爷奶奶他们。前两天我爷爷打电话叫我到他家去一下，我就去了，他给我一份遗产分割的协议书，说他想将遗产处理掉，他请了我叔叔（杭州某私营广告公司的经理）起草了一份协议，叫我签个字，并且还要到公证机关去公证。啊，这份协议，我今天带来了，你们看一看：

协议内容：

协议人：俞某某（爷爷）、黄某某（奶奶）、俞蕾

因为俞林突然去世，没有对其生前的财产进行分配，现俞某某、黄某某、俞蕾协商一致，同意将俞林在朝晖的房屋全部由俞蕾继承；俞林的存款和其他财产，俞某某和黄某某各继承 20 万元，其余由俞蕾继承；俞某某和黄某某承诺在俞蕾结婚的时候分别赠给俞蕾现金各 10 万元；俞蕾同意放弃今后对俞某某和黄某某的继承权利。

调解员向俞蕾提出需要了解她爷爷、奶奶的收入等经济状况。

俞蕾补充：我爷爷今年 77 岁，解放前我爷爷的爸爸是杭州某丝织厂的老板，公私合营后，我爷爷就在杭州某丝织厂从事企业管理工作。1998 年退休，退休金在四五千元。

我奶奶也在杭州某丝织厂工作，是那个厂的会计，1995年退休在家，退休金也有3000多元一个月。

我爷爷和奶奶目前居住在这个小区某幢201室，房子也很大，有90多平方米，除了这个房子以外，我还知道当年我爷爷在他爸爸死的时候，从他爸爸那里继承了好多房子，现在在他手上至少还有5套房子，都在(杭州)上城区和下城区，地段都很好，这些房子，我爷爷、奶奶都出租给别人了。每个月的租金至少也有两三万元。

现在，我爷爷、奶奶在家里请了一个保姆，照理二老的饮食起居，保姆月工资大概是2600元。

对于爷爷、奶奶提供的协议书，我是不愿签这个协议，说是我自己，目前，没有经济条件来支付这么一大笔钱，至于爷爷、奶奶在我结婚时候，是否愿意给彩礼，只能看爷爷、奶奶的意愿了，我是不会，也不能强求他们的。但是，协议中要求我放弃今后对爷爷、奶奶的继承权利，我是不能接受，一是要求我放弃对爷爷、奶奶的继承权是不可能的，不是我在放弃我的权利，而是我在为我父亲放弃他对自己父母的继承权，说句绝话，要我主动放弃，我肯定是不愿意，如果爷爷、奶奶要剥夺我的继承权，那我也没有办法的。这是他们的权利，我想他们也不会做得那么绝吧，毕竟，我是他们的孙女，何况，我父亲已经去世了，只剩下我孤家寡人一个了。当然，话再说回来，我爷爷、奶奶对我父亲的遗产有想法也是正常，肯定是错在我这里，不主动，不积极，让爷爷、奶奶多心了。我也是愿意与他们一起协商，将遗产问题处理好的。所以，我想请你们调解员做个娘舅，来调解调解。

调解员到俞蕾爷爷、奶奶家中，上门了解事实真相，与俞蕾所述一致，并且，俞蕾的爷爷、奶奶也表示愿意调解委员会来帮助他们解决祖孙之间的不快与矛盾。为此，人民调解委员会受理了俞蕾的调解请求。

根据上述案件信息，请你作为调解员，如何识别本案的案件信息？请具体写明本案中哪些信息是可能促进调解顺利进行的？(即有利于调解的因素)哪些可能是不利于调解的因素？(即不利于促成调解的因素)调解场所如何选择？是否准备邀请案外人参与？(如俞蕾的叔叔、俞蕾的母亲等)

调解实务技能训练素材三

马大姐来自安徽，今年50岁左右，文盲。2002年，她受雇到张大伯家做保姆。张大伯比马大姐年长20多岁，某大学教授，马大姐到张大伯家后，负责照顾张大伯的父亲以及张大伯夫妇的生活起居，还有老人生病期间的护理等事项。

2003年4月，张大伯父亲因年老多病去世。此后，马大姐还是在张家照顾张大伯及其妻子的生活起居。2005年，张大伯妻子离世，马大姐继续留在张大伯身边，细心照顾张大伯。

2012 年 8 月，张大伯也因病去世，张大伯的三个子女（均为私营企业主）在料理了张大伯的后事后，向保姆马大姐提出：不再继续聘请马大姐做保姆，要求其搬离张大伯的家。（注：张大伯所居住的房子有 96 平方米，位于杭州某区嘉南小区，当时市值超过 300 万元。）没想到，马大姐拿出一份张大伯亲笔签名并盖章的遗嘱。

张大伯的遗嘱内容：我和老伴名下各有一套房产，该房产（嘉南小区）在我名下，马大姐淳朴善良，为我家三个人（注：张大伯夫妇和张大伯父亲）付出了辛劳，念及贡献，为报答她多年来为我家劳累，我百年之后，愿将西湖区嘉南小区的房产一套赠予马大姐。

馈赠房产是我本人的意愿，任何人不得干涉，为示郑重，我在遗嘱生效之时，即将该房产的房产权证书、土地使用权证书一并交付马大姐。

立遗嘱人：张大伯（亲笔签名并加盖有张大伯的私章），立遗嘱时间：2012 年 6 月 17 日。

马大姐向张大伯的三个子女表示：自己有权继续居住，并且会及时地到房管部门办理房屋的过户手续。

对于马大姐的要求，张大伯三个子女强烈反对。于是张大伯三个子女将马大姐起诉至某区法院，要求确认张大伯遗嘱无效，要求依照法定继承顺序继承该房产。

法院在受理此案件以后，分别约谈了张大伯的三个子女和马大姐。张大伯的子女及其代理律师都对遗嘱中张大伯的签字真实性未提出任何异议，并向审判员透露：张大伯生前曾向子女诉说过将房产馈赠给马大姐的想法，但是当时，便遭到三个子女的反对。张大伯子女反复向审判员主张遗嘱内容有损"社会风化"，但是，又没有说明有损社会风化的具体事实，其代理律师也一再向审判员解释国内法院的类似判决，尤其国内法院以"违背公序良俗"或者"社会公共利益"为由，判决保姆败诉的司法判例。但是，张大伯三子女均不否认保姆马大姐的确在十几年里兢兢业业为张大伯一家服务的事实。

在与马大姐的约谈中，马大姐生性内向，沉默寡言，对于起诉书的内容大多一知半解，审判员耐心地逐一向她解释，马大姐对于张大伯子女的起诉表示十分不解，只是强调自己是农村来的人，没有做亏心事，但是下一步如何应付，她也表示自己不知道该怎么办。审判员告知她相关的诉讼权利时，她无奈地表示：自己没有经济能力聘请律师做诉讼代理人。

审判员根据案件的基本事实及当事人的意愿，准备为双方当事人进行调解。请问：作为调解员如何评判双方当事人调解能力的差异？在调解实践中，如何平衡双方当事人的调解能力？

调解实务技能训练素材四

调解实录

背景简介：

自2013年5月开始，有起亚K5车主不断地向厂家或者媒体反映：K5轿车在行驶过程不时有异响，起亚厂家也拿出一些解决方案，但是，几经周折，仍然没有彻底解决异响，车主始终反映不断。为此，杭州交通电台《我的汽车有话说》节目主持人于虎邀请了起亚厂家代表、车主代表以及媒体代表协商解决轿车的异响问题，起亚的厂家代表将拿出一套全新的K5异响的解决方案。

于虎：今天我们要来说一件对于广大起亚车主来说是件大事，起亚K5的异响问题，厂家终于拿出了解决方案。说到K5的异响问题，我还得将这个问题从头到尾做个介绍。早在今年5月，有车主王先生前来投诉，说是自己刚买不久的K5A柱、B柱、C柱全部都有异响，你看，王先生这个电话，不打不要紧，一打，又有好几位车主啊，进行投诉，还有车主建立了起亚K5异响QQ群，于是投诉这个问题的车主数量迅速上升，而起亚始终认为这个问题是正常的，是个案，是可以解决的，那么，到底怎么解决？时间转眼到了(今年)8月20日，起亚(中国)售后部经理陈道友、东风阅达起亚的代表走进了我们直播间，就异响问题做出了回应。

(放录音)"这个问题是不能补偿的，因为车子本身就是运动的，运动过程中就会应力发放，就会产生声音，通过打胶，声音就会变小了，这就是减噪方案。"

于虎：这个陈经理呀，有明显的江苏口音，他所说的减噪方案就是指减少或者降噪方案。

这话不出不要紧，一出话，马上在全国的媒体、听众当中引起了轩然大波，首先，起亚认为没有问题，那听众们就说了，没有问题，那你来干吗？没有问题，那难道是所有的车主和媒体脑子有病吗？在找茬吗？在鸡蛋里挑骨头吗？人，总是拿着手电筒照别人，却不知道拿镜子来照自己。当然，找自己的问题，很多厂家不愿意。所以，起亚厂家也不例外。就在陈经理走后的第三天，来自江苏的许先生讲述了自己的亲身经历，而且这个经历却爆出了起亚K5更大的隐患。

许先生：开车的时候，遇到一个小的积水坑，我就直接开过去了，瞬间，方向失控，马上靠在路边，下来一看，车辘开裂了，轮胎也从车辘轳里面直接破了一个洞，然后，我直接投诉到国家质检总局，国家质检总局好像跟厂家那边沟通了，让我过去谈那个事情，过了几天，他们说东西到了，然后我去检测，检测的结果是辘轳壁的厚度不合格，四个轮辘轳全部不合格，后来，跟我一起去的朋友也去检测，同样也不合格，说是厂家有标准，说是最低是4.4毫米为合格，我们检测出来是4.0，3.8左右，最低只有3.2毫米，他们不肯出具检测报告，但是，后来全部更换了。

于虎：一波未平，一波又起啊，这边东风起亚车主陷入异响门，那边又陷入了辘轳门，多位起亚车主在高速上经历辘轳断裂的惊魂一刻，甚至，K5车主把视频给我们传过来了，为什么？因为，他车上带有行车记录仪。有一位广东车主，呼的一下，他说还好，那一刻，我没有与旁边的厢式货车发生碰撞，否则，我可能是钱在银行，人在天堂了。而这么多的车主与厂家进行联系，却没有回复，这么多的媒体在关注，厂家却装聋作哑。

后来，在陈经理走后，厂家也再次与我们联系，说正在研究方案，再以后，起亚K5就陷入第三个环节，油漆的变色问题，因为很多车主发现这款车的前后方的颜色很快会发生变化，当然，我指的是白色。投诉一个一个在增加，起亚厂家的态度呢，是不闻不问，不管不顾，车主自己干着急，直到昨天，我们很多人听到一个消息：国家质检总局发布消息因为辘轳存在隐患，东风阅达起亚汽车股份有限公司决定对2012年1月1日到2012年12月31日生产的部分起亚K5轿车，共计18135辆，予以招回，说到这里，很多朋友要问了，说是辘轳的问题解决，那么异响呢？起亚厂家能否给大家交一份满意的答卷呢？这个问题到底怎么办呢？今天，东风阅达起亚的高层领导，走进了交通918的直播室，从8月20日到现在又快一个月了，厂家到底有没有找出原因，能不能拿出解决方案。这个方案是否能够得到车主和媒体的认可？接下来，我们将进入全国发布。

今天，起亚的厂家代表将拿出一套全新的K5异响的解决方案。现场的K5车主与《我的汽车有话说》的专家、技师、媒体记者，在现场进行提问，在我面前一共坐了七八位，我们分别来介绍一下，东风起亚销售本部副部长蒋裕宾，售后部部长宫曲星，K5车主张雷、朱从伦，专家组技师宫梦珲，特邀请媒体代表、新华网记者陈冰，SOHU杭州网记者朱洁，《每日商报》记者潘婷婷，浙江电视台记者裘凌风。再次感谢各位光临。

接下来的时间，我们既然有东风阅达起亚的高层领导走进调解室，我们不能不给人说话的机会，从有媒体记者爆出异响已接近半年，东风阅达起亚到底有没有拿出诚意。有没有拿出方案来，两位东风的代表，谁先讲。我们现在首先有请东风起亚销售本部副部长蒋裕宾，这是韩方的叫法，我们也可以说是全国销售的副总经理。

蒋经理，你好！请讲。

蒋：各位客户、各位媒体的朋友，中午好，我是来自东风阅达起亚销售本部的蒋裕宾，今天能坐在这里与大家有一次公开的交流，我感到有非常重要的意义，首先，我要感谢长期购买和使用东风起亚汽车的广大客户，谢谢你们的支持与信赖，同时也代表东风阅达起亚对近期部分K5车主使用车辆过程中产生疑虑和困扰表示真诚的歉意。这段时间让大家恼了，其次，我要感谢交通电台918对东风起亚的持续关注，感谢主持人和后台工作团队，勤奋努力工作，希望本次企业媒体车主的共同交流能够达成共识，相互理解，建立信任，相信东风阅达起亚是一个注重品质，关注客户需求有能力有实力，值得公众信赖的汽车企业，今天我希望我们能够给各位一个满意的解答。

于虎：好，谢谢。来，另外一位是东风阅达起亚售后部部长宫曲星。有没有补充，宫部长。

宫：尊敬的客户代表，尊敬的媒体老师，大家中午好，我是东风阅达起亚售后部部长宫曲星，首先我对一段时间以来，反映K5的噪音问题，因为我们的服务及时性不够，给相关的客户代表造成的困扰表示深深的歉意，同时，也对媒体老师对我们关注，表示感谢，今天我们直播调解间，我相信所有客户对我们诤言都将鼓励我们将来进一步改善品质质量，改善我们的服务。媒体老师的忠告会激励我们企业，提供更好的服务与产品，为起亚将来会走得更好，谢谢老师！

于虎：好，谢谢，两位都讲完了，啊，但是，我更多听到的是两位对于此事的歉意和表达的决心，但是，我并没有听到解决问题的方案是什么？来，请哪位代表来介绍。

宫：啊，这个我来解答一下，因为刚才媒体老师也说了我们解决的反应慢，不闻不问，其实，我想向各位客户说明一下，其实我们一直以最快速度、最大努力对相关事件进行调查和反馈、分析，大家都知道噪音的问题相对复杂，综合性强，因为整个车身是由500多个钣金件焊接而成，那相关噪音的传递也相对复杂，所以，我们近2个月以来一直通过收集客户意见，工厂内部加班加点，甚至通宵达旦地分析，希望找到一个更精准的、更快速的处理客户意见的方案。希望大家能够理解，我们不是在推脱，也没有闲着，但是，今天我们来了，想谈一下，既然这么多时间已经过去了，今天我们来，当然是要对客户后期处理的一个交代。我希望，第一步是希望是我们所有的客户，如果反映噪音问题，希望第一时间到我们的当地就近的专营店去检查处理。前一段时间，我们也通过总部下发了关于噪音降噪处理的作业指导书，媒体老师和很多客户都知道了，这是第一步，当然，很多客户会谈，降噪处理没有效果是什么原因？大家都知道一个指导书除了方法以外，还有一个工艺操作的经验问题，如果我们当地的专营店还处理得不够理想的话，近期总部也派出对应的专家和技术小组到一线协助专营店最大化地处理，来解决客户的问题，我们总体的原则是在前期精心准备的前提下，我们这次向媒体老师承诺，也向全国K5用户承诺，我们会彻底地解决K5的问题，两个态度，一是把客户反映的问题彻底处理，坚持到底，第二个我们最终处理的原则是要确保所有客户提出的合理诉求得以落实，我们最终的原则是要达到技术上心理感受上以客户满意为最终原则。

于虎：好。

宫：简单地说，就是将客户的满意进行到底。

于虎：你刚才讲的又是一大堆态度，我们问的是具体解决，怎么解决？

宫：具体方案，第一个，我想说明一下，上次……

于虎：对不起，我们长话短说，第一？

宫：第一是打胶处理方案，但是打胶不是简单的打胶就完了，它是一整套方案。

于虎：怎么个一整套？

宫：是一整套处理方案，一整套处理方案就是首先要准确地确认产生噪音的部位，大家都知道车身是传递声音的，有时候，客户比如前面的A柱B柱响，不一定就是前面的问题。

于虎：那我们OK，我们不要把话化开来噢，我很不喜欢这样谈话，现在，你告诉我，到底是哪个部位出问题，是A柱？B柱？还是C柱？哪个定点？

宫：现在各个客户反映的情况不一致。

于虎：大部分？

宫：大部分反映A、B柱承受力量最强的力壁柱附近。

于虎：对不起，宫部长，宫技师有话要说。

宫技师：宫部长，我们与起亚都是老朋友了。很多人，连车主都会自己动手在修咱们的起亚K5了，就在我们的江对面，有一位姓陈的师傅，也不知道他是做什么专业的，他有一套完整的办案，有图有真相，发到网上告诉我们怎么来处理K5的异响，非常专业，我想你来了以后，应该比他更专业，那么，我就问A柱异响，你怎么解决？

于虎：很多人想说几句。

客户代表：噢，这么多客套话，直截了当吧，直说怎么解决问题。

客户代表：说话不要这么官方的，要说重点，快，快！

于虎：有听到吗？不要说那些大话，废话，屁话，空话，我这人讲话，有点难听，对不对啊，你就说哪里响，怎么办，这两个问题最简单啊。对不对，你现在刚才，蒋部长你刚才说得最多的是A柱的铰链，你看怎么办，是打胶，那么其他还有没有办法？

宫：打胶是最终的解决办法，首先要对钣金、响声部位确定以后。

于虎：大部分就是铰链吗？

宫：对钣金分析，对局部位置要进行耐心的检查和钣金工艺的处理。

于虎：怎么处理？

宫：刚才，我们那位宫技师，不好意思，很荣幸，我们是同姓，都姓宫，我们还有更强大的技术团队来处理。我们的目标是通过精心准备后，把所有客户的意见首先第一步。

于虎：首先，我们不要说道歉，道歉是应该，难道这么长时间没有很好解决，还不道歉吗？道歉是最起码的，希望能解决，这是我们的希望。也是我们必须要做的，出了问题，除了道歉以外难道还不解决吗？对不对？除了这两项以外，我们要谈的是你通过什么样方法，通过哪几个步骤，100辆车子，可以解决多少？剩下的不能解决的，又该怎么办呢？是不是啊？（发怒了）

于虎：说到这里啊，刚才宫部长说查找异响位置主要在铰链那里，说是将铰链扩充，说是有80%的车主都可以解决，解决不了的，那么个案，派厂家的技术人员来处理，全部要达到K5客户的百分百的满意，说的是这个意思吗？宫部长。

宫：对。

请分析节目主持于虎作为轿车质量纠纷的调解当中，所使用调解语言的特点。

调解实务技能训练素材五

背景介绍：周大姐早年也和她母亲一样，招女婿入赘。10年前，周大姐的丈夫中风，生活没法自理，与丈夫协议离婚后，为照顾丈夫，允许丈夫长期住在自己家中，后与母亲及妹妹因生活琐事发生纠纷。周大姐与其母亲个性都很强，经过争吵后，关系一直很僵，前段时间，周大姐与母亲吵闹以后，离家出走，去了桐乡姐姐的家中。周大姐的女儿眼看自己母亲与奶奶(因招女婿上门，故称为奶奶)产生矛盾，想通过调解解决家庭的争议。于是，周大姐的女儿请调解委员会的调解员来调解母亲与奶奶之间的冲突。

女儿在这天下午特意包车从德清到桐乡(注：德清和桐乡均为浙江的县，相距大约40公里)去接周大姐。调解员与周大姐的女儿一起来到周大姐在桐乡的姐姐家。

小周：我跟她讲了好多次，她都不听我，我是没有办法再劝她了。家里人也都劝她，她都不听的。

调解员：(笑着对周大姐)这么漂亮一个的女儿，周大姐，你真是好福气啊！(努力拉近与当事人的距离，减少敌视感和陌生感)这是你开的饭店，是吧？

小周：不是，这是我姑妈的房间，是我大姑妈的。

周大姐：这是我姐姐的家。

在姑妈看来，小周要想劝回母亲，单枪匹马等于在做无用功。

周大姐的姐姐：把你小姑叫来，来劝你妈，就一点事情也没有啊！她们不过来与你母亲沟通，你妈是不会回去的。

小周：哪里啊，我妈妈总得要回去的，德清才是她的家啊！老是住在桐乡怎么行哪！

周大姐：我不想回去，因为我妈妈对我有偏见。

小周：年轻的时候，我妈妈与我奶奶的性格都比较要强的，我奶奶生了三个女儿，的确对我妈妈是有看法的。

调解员：怎么看法？

小周：就是对我妈妈不是很好。

周大姐：她从来没有帮我洗过衣服。

小周：当真的，那天也没有发生什么事情，就是我奶奶，放水的时候水龙头没有关好，那我妈在那里就说了水龙头又不关好等责备的话。

周大姐：我小妹妹，这时开始帮我母亲，一齐指责我，家里的（不太平的）事情都是我一个人造成的。这个家被你搞成了这么个样子。（开始哭泣）

小周：之前，我和哥哥都来劝过母亲，也许是心中积怨太深了，我妈妈就是不愿意回家。

周大姐：我老伴瘫痪10年了，家里的家务事都是我一个人在承担的。

调解员：很累的，你们要替她操操心啊，要理解你母亲。（转向面对小周）

小周：我很理解她啊，也很迁就她了。

周大姐：我真的好伤心啊！

小周：我也是很心痛的。（也开始哭泣）

调解员：不要哭，我们回到家里去吧！

周大姐：我又要照顾老公，又要照看爹娘，现在你知道了这个难过的滋味了。（指责自己女儿）

调解员：你也要体谅体谅自己的女儿。

周大姐：我怎么不理解她啊？我就是因为没有读过书，所以话也说不来。

周大姐的姐姐：小妹这个人是很忠厚的，我们村里的人都说她这个人不容易的，很好的。

小周：母亲的为人好，我当然是知道的，但是，她暴躁的脾气，我实在是受不了。所有的人，所有村里的人都劝她，她都回应人家很难听的话，说得别人都很伤心。

调解员：周大姐，那么回德清，有问题我们先回家去解决。我们一起走，好不好？

周大姐：调解员，我真的很难为情啊。（很勉强地同意回家）

调解员：你女儿真的是对你好啊，为了你回家，还专门去包了车，来接你，来劝你，你看，你女儿孝敬不孝敬？

周大姐：调解员，我好也好在养了一对好儿女，我妈这个人啊，我对你说啊，对我是很坏的。

一个半小时后，调解员与周大姐母女一起回到了周大姐在德清的家，刚一进门，遇到了一个年老的男人。

调解员：这个是……？

小周：这个是我爸爸。

小周：（刚一踏进家门，就开始对家里的人打招呼）姆妈！姆妈！（并向调解员介绍）这是我婆婆。（周大姐似乎也很客气，很热情）

小周：这是我婆婆，是亲家。［小周也是招女婿上门的，婆婆、母亲、外婆（她习惯称呼为奶奶）一起居住］

调解员：你亲家多好啊！他们都看得起你啊。（转向面向周大姐）

小周：（又面对一年老的妇女，向调解员介绍）这是我奶奶。也就是我妈妈的妈妈。

调解员注意到周大姐一进门无论是对丈夫，还是对自己的母亲，都没有打招呼，甚至都没有正眼对他们瞧。作为这个家的主人，周大姐显然没有任何的归属感。

调解员：（面对周大姐的母亲）老妈妈，你高寿啊？

周大姐母亲：78 岁。

调解员：（又与另一中年妇女打招呼）你好！你是……？

中年妇女：我是她妹妹。

周大姐：（也进行介绍）这是我的大妹妹。

小周：（又指向另一妇女）这是我的小姑妈，是我母亲的小妹妹。

周大姐妹妹：（迎向前面，与调解员握手）希望调解员今天能够帮我们解决问题。能够解决的话，我是非常感谢信你的。

调解员：你想怎么个解决法，你能说说你想怎么解决问题吗？

周大姐小妹妹：怎么个解决法，就是最主要的是把我姐姐的心态调整调整好。变得仁慈一点。（仁慈二字，似乎很客气，言语中含有讽刺意味，周大姐听到十分不舒服，引发了周大姐怒火）

周大姐：（怒气冲天）你讲清楚，我做人哪点不仁慈。轮不到你来教训我。

周大姐小妹妹：你骂母亲老畜生，你叫她早点去死算了。这不叫错吗？这也是仁慈吗？（指责）这是妈妈吗？她有权打你，你没权还击她，你没权骂她。

周大姐：你老三老四地教训我，你……你……算老几啊？（非常愤怒，气愤得说不出完整的话来）

调解员：（面向小妹妹）好了，好了，你们要让大姐将话讲清楚啊，你们要让她说话啊。看看她的心里苦闷是什么啊。

在调解说话间，两姊妹争吵了起来。

周大姐小妹妹：你心理有病啊，脑子有毛病的。

周大姐：我有神经病啊，你们也有神经病的，我就是有神经病，你想怎么样啊？我妈妈怎么了？我妈妈一贯就看不起我。我外出干活，回到家啥时候给喝上一杯热茶啊？

周大姐小妹妹：你讲的这个不是重点。

周大姐：（气愤）我讲的不是重点。你说说看，什么是重点？

周大姐小妹妹：（用手指着周大姐）那你自己有没有端一杯茶给妈妈喝过？有没有给她买过一双袜子穿过，你还说自己多么好，你应该问问你自己为妈妈做过什么？（提高嗓门）

周大姐：什么，什么，我哪点做得不好？

周大姐小妹妹：你老是要求别人为你做什么，

周大姐：你嘴巴不要凶。

周大姐小妹妹：我干吗不能凶，因为你对她（母亲）不好，对妈不孝敬，所以我要对你凶，怎么了？

周大姐：你要搞清楚啊，这是我的家，你给我滚出去，滚到台湾去。

周大姐小妹妹：这不是你的家，这是我妈妈的家，（愤怒地敲打桌子）这是妈妈的家。你算老几啊？（姊妹俩开始出现了推搡，调解员及时地站到姊妹俩的中间）

周大姐小妹妹：今天是妈妈最大，妈妈才是这个家最大的一个人。

周大姐：你这个人没大没小，给宠坏了，

调解员一面让妈妈拉住了小妹妹，一面让小周拉住了周大姐。不断地打着圆场。

周大姐小妹妹：（还是不依不饶）你放屁，你什么都怪她（母亲），你怪她就把命还给她（母亲）。

语言的表达能力，周大姐明显不如妹妹能说会道。周大姐的小妹妹早年是嫁到台湾去的，这段时间回娘家小住一阵，刚好遇到了母亲与大姐闹别扭，因此，极力维护母亲的立场，然而，小妹妹的介入产生了副作用。

周大姐小妹妹：你对母亲不好，还硬要说母亲对你不好。

调解员：你们好好地听着，这是你们的侄女，请我们来进行调解的，从桐乡到这里，希望你们能够冷静点。

周大姐小妹妹：（非常不冷静，几次三番地想挣脱小周的劝阻，欲上前指责周大姐）你这么没有良心，迟早是要遭天雷打死的。

周大姐：你孝敬的话，你有本事把妈妈带到台湾去好了。省了我操心。

调解员：哎，小妹，你到底要不要让这个姐姐回来。

周大姐小妹妹：（态度非常硬朗）不要，我就是不要这个姐姐回来。她一回来就是吵架。全家不太平。

调解员：你们的矛盾能不能协调好，除了要看你的态度，还要看你母亲的态度和你姐姐的态度。

小妹妹：我要是能把妈妈带到台湾去的话，不用你讲的，你去给我死好了。我妈本来就是我在养的，不是你养的。

周大姐：（十分气愤）吃总是吃我的吧。

小周：（无可奈何地）我请调解员是来帮我们解决问题的，不是来听你们来吵架的。

周大姐小妹妹：你去跟你妈去说，不要劝我的。

调解员：小妹，我问你，她是谁？（很好，维持局面）

周大姐小妹妹：姐姐。

调解员：你认为你这种态度跟姐姐交谈是对的吗？

周大姐小妹妹：（口气明显缓和）她不听妈妈的话。

调解员：她不听妈妈的话，她对妈妈不尊重，是她的问题，那么，你呢？你们要从源头上来解决这个纠纷，大家都不要再吵了。（调解员将小妹妹劝离到另一房间）

周大姐小妹妹：以前的事大家都暂时不要提了，再提也没有意思的，大家还是来解决问题。

调解员：对啊，你讲得很对啊。

周大姐：我对母亲的怨恨由来已久，原因嘛，就是我母亲从来不体谅我这个当家人的苦衷。我老公入赘的时候，我妈51岁，老公来以后，家里也有男人，农活，肯定也不用我妈再干活了，我们夫妻俩在外面做农活，妈妈在家里给我们烧点饭就行了。我们干完活回家嘛，能喝上热茶、吃上热饭。是不是啊，我们在外面干农活，干得要死，结果每次回到家里，连茶水都没有，我妈呢，家务事一点都不做。我妹妹嫁到了台湾以后，我妹妹是给了钱给我妈妈的。

调解员：你妹妹是嫁到台湾去了？

周大姐：是的，调解员，我对你说啊，我是凭良心在说，我妈妈的生活费都是由我妹妹出的，这点我是从来不否定的。但是，10年前，我老公中风了，中风以后，老公再也不能下田劳动了，丧失了劳动能力，之后，我肩上的担子是越来越重了，2年前，别人帮我介绍了一个朋友，在武康住的，我当时想让他来帮忙，我当时的事很多的，家里的，山里的活都很多，毛竹、小竹，还有三亩地，我一个女人做不完啊。

调解员：你现在的意思是要和那个男的在一起，是吧？

周大姐：不是的，一起不一起无所谓的，就是让他来家里帮忙干活。

周大姐小妹妹：（这时，小妹妹又悄悄地回到调解现场）你有没有征求你儿子女儿的意见啊？有没有征求过儿子的意见呢？儿子今年已经28岁了，我们乡下人28岁还没有娶老婆已经是很迟了的。

周大姐：这是我个人的事，用不着你来操心。

调解员：我反对，我坚决不同意在有丈夫的前提下，再去找所谓的男朋友。

周大姐小妹妹：当然了，我也是不同意的。

调解员：法律上你们仍然是夫妻关系，夫妻关系是受法律保护的，这是第一。第二点，对于家庭的负担，你是在台湾，在外边，虽然，你是拿出了生活费给你母亲，这点你是尽到作为女儿的责任，但是，从你大姐的情况来看，一边是妈妈，已经70多岁了，另一边，丈夫不能自理，没有劳动能力，你大姐在心理上，生理上，承受着很大的压力啊，这点，小妹，你就没有理解了。

周大姐小妹妹：姐姐家里有任何困难，我都是会尽力帮助的。

调解员：这是两码事，如果你同样处在你姐姐的情形下，心里肯定是会烦的。

周大姐小妹妹：我是不会烦的，如果我有这么一个妹妹来帮助我，我就会开心死了。（明显不解人意）

调解员：她关心母亲，同样也是在关心你。（对周大姐）如果她都不关心，你的压力会更重。这一点我认为你要感谢你的妹妹。

周大姐：是啊，我感谢的啊。

调解员：她们理解你，并不等于你可以找另外的男人。

周大姐：找一个男人又不是大事，又不要紧的，反正我已经和我老公离婚离掉了。

调解员：已经离掉的了啊？（吃惊！调解员对案件事先缺乏了解）

小周：是的，当时我妈说想找一个人来我家帮帮忙，问我爸同不同意，那我爸为了这个家好，他就同意了。

调解员：那她已经离掉了，婚姻已经结束了。

小周：（强调）婚姻是已经结束了，但是当初我爸是为了这个家好，能够有人来帮帮家里劳动，所以，他才同意离婚的，并不是说离婚离掉了，你就可以肆无忌惮地想怎么样就怎么样（小周道出母女矛盾的真正源头），那总是不好的吧。（小周显然没有意识到一旦父母签字离婚，就意味着家人再要干涉母亲重新找男友已经没有法律支持了。）

调解员：刚才我弄错了，既然已经结束了夫妻关系了，那她重新选择自己的婚姻，那是她的自由，没有任何人可以干涉的。

小周：那么，当初我爸不同意离婚呢？

周大姐：（气愤地对小周）我和你们再三说过了，你爸爸，我是会照顾到死为止的，哪怕我自己再苦，我也会照顾他的，我先死没办法，只要我没有死，我一定会照顾他的，他可以永远住在这个家里的。

调解员：你母亲40岁就失去丈夫了，失去了什么呢？失去了丈夫的支持，失去了丈夫的生理照顾了，我们都是从这个年龄过来的。

周大姐：（指着边上坐着的男人）他24岁就来我家了，我们一直都没有吵过嘴，从来就没有的。

小周：其实我也看到我妈是很可怜的，看到她夜里坐在床上哭，太累了，累得抑郁症都发了。然后我也心痛她啊！（抽泣着）

调解员：这个问题，你们当时是应该预计到的。她签字离婚了嘛，她肯定也是重新找对象的。

调解员：我现在还想问一下你爸爸有什么看法。他不会讲话吧？

小周：他只会点头或者摇头。但是心里面是很明白的。

调解员：那么好，我来问他一下。（转身对着那个男人）大哥啊，现在你听牢啊，你认为我说得对的，你就点点头，认为我说得不对的，你就摇摇头。

调解员：你跟你妻子离婚，是你同意的吗？

男人：（点点头）

调解员：她跟你离婚以后，她有没有照顾你啊？

男人：（点点头）

调解员：照顾的？

男人：（再次点点头）

调解员：你现在心里开不开心？高不高兴？

男人：（笑了起来）

调解员：不高兴？

男人：（笑着点点头）

调解员：那么你愿不愿意看到她到外面去找个对象呢？

男人：（摇头）

调解员：那你在当时签字的时候，就应该想到你们离婚以后啊，她是有权再找男人的。你同不同意的啊？真正愿意不？（调解员的调解方向出现偏差，无谓地询问那男人当初是否是出于自愿同意离婚的，对于解决今天的矛盾实际上没有积极的意义）

男人：（摇头）

小周：（帮父亲做了回答）他当时是不太愿意的。正是我妈有重新结婚的打算，导致我哥哥谈恋爱都遇到了麻烦。过年的时候，我哥跟我妈说："你能不能让叔叔这段时间别来我家？"因为我哥担心女友在意嘛。

调解员：（插话）这个小周说得是有道理的。

小周：但是我妈一直说这个有什么关系啊，我们又不要你们来养，我们都是自己养活自己，又不吃你们一口饭，我又不吃你们的，不用你们的，她就是这个态度。

周大姐小妹妹：姐姐家里有任何困难，我都会出手愿意帮助的，都会想办法帮忙的。

小周：上次，就是去年，我妈的腿撞断了，我小姑妈马上打了二万块钱的医疗费回来。

周大姐小妹妹：作为一个家庭的成员，你做任何事情，你的行为要考虑到全家人的感受，而不是单单的个人想法和行动，更不好一意孤行，我行我素的。我今天想做什么，就要做什么，我骂她的原因在哪里，我希望她过得好一点，我希望她好啊，我希望她能和我妈好啊，毕竟是妈妈啊，我再三跟我姐说，就算妈妈对你做了很不好的事情，你只能选择原谅她，因为妈毕竟是70多了，还有多少个70年啊！妈毕竟是妈，是生你的，养你的妈啊！

周大姐：我在家里受到的偏见啊，歧视啊，你小妹，又没有感受，你说说漂亮话，当然是很容易的，让你也来受受看，你又会怎么样的？（满心不服气）小时候，她打我，你们又知道？

周大姐小妹妹：你说小时候，妈打你的事情啊，哎，作为母亲，在孩子小的时候，打孩子也是天经地义的，哪个小孩没有被打过的啊！

周大姐：（不服气地反驳）你们两个小妹，你们小的时候，妈妈打过你们吗？从来是没有的，我 25 岁还被她打了，被她打得送到医院去抢救了。你们有没有这样被打过啊？

周大姐小妹妹：是的，你是被打过的，但是，你要记仇记到现在吗？

周大姐：我不是记仇。我妈，这么大的年纪了，还要在村里，搬弄是非，还要在村里人面前，说我和别的男人怎么怎么的，我找别的男人怎么了？我跟别的男人睡觉又怎么了？我犯法啊？

周大姐小妹妹：我每次寄钱回家，都是为了这个家能够过得好一点，但是，她遇到我，动不动总是在说："你不就是拿了点钱回来。你有什么了不起的。"这不是可以用钱来衡量的啊！这是亲情啊！

周大姐：那我又不是没有记得你的好！谁对我好，对我坏，我心里清楚得很！

周大姐小妹妹：你这个样子，是记得我的好吗？根本没有啊。

调解员：你究竟对妈妈有什么样的仇恨？

周大姐：没有仇恨，哪有什么仇恨啊！

调解员：好！周大姐，这句话，我肯定相信，母女之间有什么仇恨可言啊。

周大姐：吵几句嘛，肯定是有的，我对妈妈是没有仇恨的，但是，要每天进进出出左一个妈，右一个妈地叫，走进来叫妈，跑出去也要叫妈，这是不可能的，我是做不到的。我家里干的活都累死了。

调解员：好了！我看，现在的问题都可以解决。（面向小妹妹）你姐姐的性格是很直爽的，但是有一条你们必须记牢，你姐姐是这家庭出力最多的一个，上要养你妈，下要照顾两个儿女，还有一个前夫也需要照顾，这是非常不容易的，而且她自己身体也不是很好，患有忧郁症。

周大姐小妹妹：（有点冷言冷语）她生过这个病，但是现在的问题不是她是不是生过病的问题了，她现在脑子很清楚的。我觉得做人不能丧失道德良心四个字，你如果丧失道德与良心的话，这个人与跟畜生是一样的。（含沙射影地站在道德高度上对姐姐提出了批评）

调解员：小妹，我要跟你说，在我看来，严于律己你是做到了，但是，宽以待人，你还是不够的。（非常好，对小妹这种态度给予了及时的纠正）任何人，任何情况，任何家庭都会出现一些不尽如人意的事情。

周大姐小妹妹：家庭的责任在于，就像我，你看，我嫁了我的先生，我先生给了我一堆事情，很多很多的杂事，可是我是放在心里，谁都不告诉，我不麻烦我姐姐，不麻烦我妈妈，我都是一个人扛着的，不麻烦我家人，这是家庭问题，不需要去责怪，你既然生在这里，你姓周，你就有这个责任来扛的，不要去推卸，我们有能力，都会尽量帮你的，不要把责任推给别人，不要老是动不动就去抱怨，为什么爸爸要我招女婿上门，谁叫你姓周啊，谁叫你是周家的人啊！你不认同，你可以把生命结束掉，还给妈妈啊。你既然生在这里，就是有这个责任。没有办法的，不可推卸的。（从小妹妹的话中不难听出，原来周大姐是在父母的安排之下招了上门女婿的，但昔日包办婚姻的遗憾，是否要在今朝来弥补呢？）

周大姐小妹妹：她今年已经50岁了，其他的问题也不要去考虑了，不需要再去考虑男朋友这类事情了。

周大姐：这是我的自由，哪怕到了60岁，我还是要找的。

周大姐小妹妹：我妈妈49岁，我爸爸就去世了，她也没有说要去找男朋友来帮忙的事啊，都不用，不需要的。

周大姐：我60岁的话，也要找，这是我的权利。这是我的事，不要你来教育我（将自己的生活观念强加给姐姐，这或许就是姐妹冲突的根本原因，调解员马上运用疏导技术进行调解）

调解员：小妹，你的观点我倒不是很赞同，你大姐在法律上说属于单身，你是没有权利干预你姐姐选择男朋友的事，反倒，在这个问题上，我觉得你大姐很伟大，虽然与丈夫离了婚，但是，在尽照顾的责任。当然，你大姐在处理找男朋友的问题上，也要适当注意方式，更需要三思而后行，毕竟大家，几代人都一起生活在一个大家庭中，也要顾及别人的观念和想法。你暂时也不要把男朋友带到这里来。

周大姐：他又没有来。

周大姐小妹妹：她真的想要找男朋友，或者要想找个男的，不好意思，因为这里已经有一个家庭了，她不需要另外再组一个家庭到这个家里来，她可以到外面去生活，离开这个家庭，她可以去外边的，嫁出去可以的，我是不反对的。我们祝福她。（妹妹表示姐姐原来是直性子，可现在好了，姐姐全变了）

周大姐：（针对妹妹的话，姐姐索性撂了担子）家里的活，你们去找人来做，我不做了，我等到脚好以后，我就到外面厂里去上班了，家里啥都不管了。

小周：妈，我看你不要到外面去好吧！你就在家里打扫打扫卫生就好了，

周大姐：我在家打扫打扫，除了人吃力外，还要被人数落，我不愿意。

调解员：大姐不到外面去工作，那她的生活来源怎么办？

周大姐小妹妹：我给她每月1500元，她女儿每个月给她1000元，还不够啊？2500块钱一个月，让她到外面去比比看？

周大姐：你什么时候给过我钱，你是给妈的，不是给我的，只是这个钱让我用在妈身上。

周大姐妹妹：上次我不是跟你说过了，妈妈是不需要这么多钱的，我叫你不要到外面去工作了。

调解员：虽然小妹和女儿出的钱也足够生活了，可是对于周大姐来说，拿这钱的滋味恐怕更难受，尤其现在你们姐妹之间产生了隔阂，这点，小妹你认识到，不是说你出了钱，大姐必须依照你的意愿怎么怎么的。（转身面对周大姐）你对丈夫说过你会照顾到他死为止的，那么你是怎样来照顾的呢？

周大姐：那会想……

周大姐小妹妹：（插话）她连衣服都不给他洗的。（欲想引爆另一冲突点）

调解员：小妹，这个问题你先不要说，好不好！现在只是想让周大姐说一下，一旦她再嫁人了，怎么再来履行她照顾先夫的承诺？

周大姐：那我这个家就不住了，（气愤地拍打桌子）算了，他的事，我也不管了。

周大姐小妹妹：调解员，调解员，你看到了没有，她就是这个态度啊！

周大姐：好了，结束了！

周大姐小妹妹：她就是这个态度，动不动就撂挑子。

周大姐：你都在说我连衣服都不给他洗，你问问他自己看，以前，是谁在照顾他的？只是现在脚断了才没有洗，我洗不来的，难道原先我不洗的啊？我不洗的，谁来给他洗啊？难道是你从台湾回来洗的啊！

小周：都是你们的错，我是没有错的，我妈一直是持这种态度的。

周大姐：一个人总是有优缺点的，总有好的方面，但是肯定也有不好的方面，难道我身上全部是毛病啊，是缺点啊！

周大姐小妹妹：我们现在不是说你一个优点也没有，我们是在针对你的缺点，希望你能改正缺点。

调解员：周大姐，我希望你不要抱着一种怨气，抱着一种怨恨来和你的家人交流，原谅别人，谅解别人是最高原则。

周大姐小妹妹：调解员，她比我更幸福啊，她有困难，有人会帮助她啊，我有困难的话，谁来帮助我啊？我只能一个人扛啊，没有人能够帮我的。（又在觊觎周大姐）

调解员：这只能说明你能力强，克服和解决问题的能力强，处理问题的能力好。（抬轿子）

周大姐小妹妹：不是，不是我的能力，而是我不想牵连家人，不想让家人担心啊。我在外面吃苦受累都是一个人。

调解员：周大姐，你听到没有，这句话值钱的啊。

周大姐小妹妹：值钱怎么啊，她老是说你稀奇死了。

调解员：啊呀，小妹啊，吵架的时候，是没有好听话的，你不要当真。

周大姐：现在就是一条路，我呢，就是外出上班去了。其他嘛都结束了，我高兴的话，回到家里来看看，家里的活，你们喜欢怎么就怎么吧，反正，我是不管了。

调解员：你就是一定要带男朋友回到家里呢？

周大姐：不是，那不是的，到这个家里，他也不会来的，我女儿跟他说过了。

（周大姐对现实认识得比较清楚，对于帮她的男人，她的确是动了感情的，这现实与理想的平衡点她也找到了）

周大姐：我现在为我儿子着想，等我儿子娶了媳妇以后再说，我现在还是在家里，管好这个家。

调解员：这点是对的，是在为儿子考虑。

周大姐的妈：好的，她只要不在家里面骂人，不要骂妹妹，也不要骂儿子，对我也不要骂，我什么都高兴的。

调解员：她儿子结婚以后，如果她再带男朋友回来怎么办呢？

周大姐的妈：她儿子结婚了，那就随她的便了。

调解员：（面对周大姐）你妈都这么大年纪了，你还有什么理由可以骂她。

周大姐：我没有骂她。

调解员：从良心角度，从道德角度来说，你都不应该这样做。

周大姐：我没有骂她，是她在骂我。

周大姐小妹妹：每次我们在讲你的时候，你都说不要讲了，她还是你的妈妈啊！你不知道你妈现在改了多少，你老是冤枉她，看不起她，看她不值钱。怎么她也是你的亲生的妈，她给你一条命，怎么样也在家里帮你啊，你的儿子女儿都是从小由她带大的。

调解员：周大姐，你听一听啊，你妹妹这几句话都是有道理的啊。

（心中怨气没有发泄完以前，周大姐不愿承认母亲对她好，而且强烈地记住小时候母亲对她的偏见）

调解员：第一条，不要再责怪你的母亲，不要带着仇恨生活在这个家庭里。

周大姐：我不会的。

调解员：好，很好的，第二，你作为姐姐，妹妹这么尽力来照顾你们，你应该要有感激之心啊，使她远道回到家里，能感觉到家庭温暖。

周大姐小妹妹：对嘛，我回到家里就是想这样啊。

调解员：周大姐，若是要重新树立大姐的形象，首先应当改变对母亲的态度，希望你能对妈妈讲一句话，我以后一定改正。

周大姐妈：我也希望她生活得好点，手心是肉手背也是肉。

调解员：对的，她可能有些情绪，来，大姐，对妈表个态，你自己有错的地方，一定改正。

周大姐：（真诚地站在母亲面前）妈，我错了。

调解员：好，好，这个姿势不标准，还不够认真。（开玩笑，缓和氛围）

周大姐：好了，（躲在一边抽泣）没事了。

调解员：（面向妹妹和周大姐妈）你们看，大姐也动情了，大家都不要互相斗气了。

调解员将周大姐请到了妹妹和妈妈面前，接着周大姐的手，走到妹妹面前。

调解员：来，妹妹，我们大家都用正确的态度来对待这件事情，不管怎么样，她都是你的亲姐姐。

周大姐妹妹：啊呀，调解员，我知道的，没有别的，姐姐（生活得）好，我们也很高兴的，我就是希望家庭和睦，请她将脾气呢，改一改，就很好了吗！

调解员：小妹，今天你姐姐也动情，掉泪了，这表明你大姐也愿意平平安安地过日子，希望你们不要与她发生激烈的争吵，她也有许多不为你们所理解的难处，多一点对她的理解。（面向小妹）你的脾气也很急啊！

周大姐小妹：我的脾气也像我的姐姐，都是嘴快，人好，心太急。

调解员：对的啊，你姐姐真是不容易啊，这么个大家庭，都由她一个人来担当，一个女人啊，真是不容易的，当然，你们也有你们自己的困难与苦衷，但是，我是希望你们能够看到大家为这个家庭做出的贡献、付出辛劳。啊，大姐，今天你就住在这里，大家一起生活吧。好不好？

周大姐：（点头示意）好的。谢谢你！

请分析在调解过程中，调解员使用了哪些调解技巧？调解员在哪些方面值得赞赏与借鉴？调解员在哪些方面还存有商榷与完善之处？

主要参考书目

(一)中文类

[1] 陈慰星.民事纠纷的多元化解决机制研究[M].北京:知识产权出版社,2008.

[2] 戴建庭.民事纠纷解决机制研究[M].长春:吉林大学出版社,2007.

[3] 樊斌,吴卫军.现状与走向:和谐社会视野中的纠纷解决机制[M].北京:中国检察出版社,2006.

[4] 范愉.ADR 原理与实务[M].厦门:厦门大学出版社,2002.

[5] 范愉.非诉讼程序(ADR)教程[M].北京:中国人民大学出版社,2002.

[6] 范愉,李浩.纠纷解决:理论、制度与技能[M].北京:清华大学出版社,2010.

[7] 范愉,史长青,邱星美.调解制度与调解人行为规范——比较与借鉴[M].北京:清华大学出版社,2010.

[8] 范云峰,贾文华.谈判高手[M].北京:京华出版社,2004.

[9] 方其.商务谈判——理论、技巧、案例[M].北京:中国人民大学出版社,2008.

[10] 何兵.和谐社会与纠纷解决机制[M].北京:北京大学出版社,2007.

[11] 黄松有.诉讼调解要务[M].北京:人民法院出版社,2005.

[12] 黄宗智.经验与理论:中国社会、经济与法律的实践历史研究[M].北京:中国人民大学出版社,2007.

[13] 冀祥德.协商性纠纷解决机制比较研究[M].北京:中国民主法制出版社,2010.

[14] 蒋春堂,蒋冬梅.谈判学[M].武汉:武汉大学出版社,2004.

[15] 李傲.互动教学法——诊所式法律教育[M].北京:法律出版社,2004.

[16] 李傲.法律诊所实训教程[M].武汉:武汉大学出版社,2010.

[17] 李莉.ADR 视角下民间经济纠纷的解决[M].北京:人民法院出版社,2009.

[18] 李元授.谈判学[M].武汉:华中科技大学出版社,2003.

[19] 刘园.谈判学概论[M].北京:首都经济贸易大学出版社,2006.

[20] 马长山.法治进程中的"民间治理"——民间社会组织与法治秩序关系的研究[M].北京:法律出版社,2006 版.

[21] 齐树洁,范愉.多元化纠纷解决机制[M].厦门:厦门大学出版社,2005.

[22] 强世功.调解、法制与现代化:中国调解制度研究[M].北京:中国法制出版社,2005.

[23] 邱星美,王秋兰.调解法学[M].厦门:厦门大学出版社,2008.
[24] 瞿琨.社区调解法律制度:一个南方城市的社区纠纷、社区调解人与信任危机[M].北京:中国法制出版社,2009.
[25] 阮子文.赢在谈判——商务律师的成功法则[M].北京:北京大学出版社,2010.
[26] 沈恒斌.多元化纠纷解决机制原理与实务[M].厦门:厦门大学出版社,2005.
[27] 汤黎明.委托调解的理论与实践:替代性纠纷解决机制模式研究[M].北京:法律出版社,2009.
[28] 汤维建.群众性纠纷诉讼解决机制论[M].北京:北京大学出版社,2008.
[29] 王公义等.纠纷解决替代机制与现代法治[M].北京:法制出版社,2003.
[30] 王生长.仲裁与调解相结合的理论与实务[M].北京:法律出版社,2001.
[31] 徐昕.论私力救济[M].北京:中国政法大学出版社,2004.
[32] 尹力.中国调解机制研究[M].北京:知识产权出版社,2009.
[33] 于丽娜,聂成涛.社区矛盾纠纷化解机制[M].北京:中国社会出版社,2010.
[34] 赵燕,李文伟.谈判与辩论技巧[M].北京:中国法制出版社,2007.
[35] 赵云.调解实务与技能[M].北京:清华大学出版社,2011.
[36] [美]Roger Fisher & William Ury. 实质利益谈判法——跳脱立场之争[M].罗竹茜,译,台北:台湾远流出版公司,1994.
[37] [美]博西格诺,等.法律之门(第六版)[M].邓子滨,译,北京:华夏出版社,2002.
[38] [美]斯蒂芬 B. 戈尔德堡,等.纠纷解决——谈判、调解和其他机制[M].蔡彦敏,等,译.北京:中国政法大学出版社,2004.
[39] [美]X. M. 弗拉斯科纳,H. 李 赫瑟林顿.法律职业就是谈判——律师谈判制胜战略[M].高如华,译.北京:法律出版社,2005.
[40] [美]迪帕克·马哈拉,马克斯·巴泽曼.哈佛经典谈判术[M].吴奕俊,译.北京:中国人民大学出版社,2009.
[41] [美]彼得·约翰斯顿.劣势谈判:小人物的谈判策略[M].吴婷,李建敏,译.海口:南方出版社,2011.
[42] [美]罗杰·道森.优势谈判——一位王牌谈判大师的制胜秘诀[M].刘祥亚,译.重庆:重庆出版社,2011(2).
[43] [日]棚濑孝雄.纠纷的解决与审判制度[M].王亚新,译.北京:中国政法大学出版社,1994.
[44] [日]高见泽磨.现代中国的纠纷与法[M].何勤华,等,译.北京:法律出版社,2003.
[45] [日]小岛武司伊藤真.诉讼外纠纷解决法[M].丁婕,译.北京:中国政法大学出版社,2005.
[46] [英]戴安娜·特赖布.法律谈判之道[M].高如华,译.北京:法律出版社,2006.
[47] [英]迈克尔·努尼.法律调解之道[M].杨利华,于丽英,译.北京:法律出版社,2006.

(二)英文类

[1] Albert Fiadjoe. "Alternative Dispute Resolution: A Developing World Perspective" [M]. Cavendish Publishing Limited, 2004.

[2] Allan H. Goodman. "Basic Skills For the New Mediator" (Second Edition). Solomon Publications, 2005.

[3] Carrie J Menkel-Meadow, Lela Porter Love, Andrea Kupfer Schneider. Mediation: Practice, Policy, and Ethics"(Teacher's Manual). Aspen Publisher,Inc., 2006.

[4] Donald G. Gifford. Legal Negotiation: Theory and Application. West Group Publishing Co. 1989, pp25—44.

[5] Laurence J. Boulle, Michael T. Colatrella Jr. & Anthony P. Picchioni. "Mediation: Skills and Techniques" (Second Edition). Matthew Bender & Company, Inc., 2008.

[6] Michael Pryles. Dispute Resolution in Asia, Kluwer Law International, 1997.

[7] Simon Roberts & Michael Palmer. "DISPUTE PROCESS—ADR and the Primary Forms of Decision-Making"(Second Edition). Cambridge University Press, 2005.

